Die Meuterei

Es ist vier Uhr früh. Die dunkelste Stunde vor Morgengrauen. Es war eine unruhige Nacht.

Die Luft ist feuchtkalt, man kann kaum atmen. Es ist, als ob die 1015 Brotfruchtbaum-Schößlinge in der großen Kajüte vor der Luke achtern alle Luft aufnehmen und dumpf-feuchten Gestank wieder abgeben.

Einige schlafen, aber nicht fest. Andere gehen umher. Auf Back und Achterdeck herrscht Leben. Einige beobachten den Vulkan, der auf einer Insel, keine 50 Kilometer entfernt, gerade ausgebrochen ist. Ob er wohl den Himmel in Flammen setzen wird? Einer der Matrosen entdeckt ganz in der Nähe eine Wasserhose. Ein anderer beobachtet fasziniert das Treiben eines riesigen Haies, der wiederum ganz in den Anblick des Schiffes versunken zu sein scheint.

Fletcher Christian ist kaum in seine Koje hinter einer Segeltuchblende auf der Steuerbordseite der Hauptluke gekrochen, als die Leiter dumpf zu den Schritten des Seekadetten George Stewart auf den Boden schlägt. Die dritte Wache beginnt um vier, also ist es Zeit zum Aufstehen. Obwohl nicht als Deckoffizier angeheuert, ist Christian für diese Wache eingeteilt. Ihm sind die Pflichten eines Ersten Offiziers übertragen worden, und damit ist er der Stellvertreter von Kapitän Bligh.

Stewart ist es heute besonders wichtig, daß der Erste Offizier ordnungsgemäß bei seiner Wache angetroffen wird, und er folgt Christian auf seinen Posten.

Die Ereignisse des vorangegangenen Tages haben die

Nerven bis aufs äußerste angespannt. Aber es liegt in der Natur der Sache, daß man bei Christian am ehesten mit einer Kurzschlußhandlung rechnen muß.

George Stewart macht sich ernste Sorgen um das Schiff und seine Kameraden, und so beginnt er ein Gespräch mit ihm. Er hat beobachtet, wie der vierundzwanzigjährige Christian sich darauf vorbereitete, zu desertieren. Geheimhalten konnte er das beim besten Willen nicht. Das Gerücht ging um, er würde demnächst „über Bord gehen".

Am vergangenen Abend hat Christian alles verschenkt, was er vom Aufenthalt auf Tahiti mitgebracht hatte. Auch hat jemand beobachtet, wie er seine Briefe und Papiere zerriß und über Bord warf. Den Zimmermann hat er um Nägel gebeten. Er hat versucht, Tauschgeschäfte zu machen. Jeder konnte merken, daß er seine Flucht plant. Jemand will sogar gesehen haben, wie er ein paar Bretter zusammennagelte. *Wollte er etwa ein Floß bauen?*

Das wäre doch glatter Selbstmord, versucht Stewart ihm jetzt eindringlich klarzumachen. Nie und nimmer wird er es schaffen, irgendwo eine Küste zu erreichen, wo es hier nur so von Haien wimmelt. Und selbst wenn ihm dies gelingen sollte – weiß er nicht selbst, wie unwirtlich die Freundschaftsinseln sein können, wie feindselig ihre Bewohner? Auch wird es ihm nicht möglich sein, das Schiff unbemerkt zu verlassen. Vor allem, wie wird Bligh reagieren? Sein Jähzorn ist bekannt. Bis jetzt hat er ihn an seinem Ersten Offizier ausgelassen. Wäre der weg, würde es all die anderen treffen.

Stewarts Wache ist zu Ende. Beschwörend sagt er zu Christian, während er nach unten geht: „Wenn Sie sich davonmachen, kann niemand mehr für die Besatzung garantieren."

Anstiftung zur Meuterei

Wieder mit sich allein, denkt Christian über Stewarts letzte verzweifelte Aufforderung zur Loyalität nach. Konnte man das nicht auch als Anstiftung zur Meuterei verstehen? Blitzartig kommt ihm der Gedanke: Warum soll eigentlich *er* gehen? Warum nicht Bligh?

Später wird Stewart bezeugen, daß Christian „äußerst verstört" war und regelrechte „Seelenqualen litt". Allerdings nicht in dem Maße, daß er nicht mehr wußte, was er tat. Mechanisch ging er seine Pflichtrunden ab. Vergewisserte sich, daß Thomas Ellison zusammen mit John Mills das Steuer übernommen hatte. Ließ nachfragen, warum John Hallet (15) und Thomas Hayward (17) sich nicht zum Dienst gemeldet hatten. Befahl, daß die Decks geschrubbt werden sollten.

Vielleicht wäre er ja von der Routine des Alltags wieder völlig gefangengenommen worden und hätte seine Pläne zur Flucht oder Meuterei wieder aufgegeben – wären da nicht noch andere gewesen, die wie er „äußerst verstört" waren und „Seelenqualen litten". Jahre später konnte sein Bruder Edward Christian, ein Rechtsgelehrter, nachweisen, daß auf dem Schiff *jeder einzelne* einen kritischen Punkt erreicht hatte ...

Mag sein, daß Seekadett Edward Young den Ausschlag gab. Instinktiv war er für Kampf, nicht für Flucht. Mit seinen 22 Jahren war er auf eine verzweifelte Art tollkühn. Er hatte andere Beweggründe als Stewart, den Ersten Offizier anzusprechen, obwohl das, was er sagte, zunächst ganz ähnlich klang: Flucht würde den sicheren Tod bedeuten. Die Besatzung sei reif zur Rebellion. Er wäre bereit, herauszufinden, auf welcher Seite die Männer standen.

Immer noch ist es dunkel. Bligh, Fryer (der Erste

Steuermann), Cole (Bootsmann) sowie Peckover und Elphinstone (den Christian bei der Beförderung überholt hatte) schlafen fest. Man wird die Waffen an sich bringen müssen, obwohl ein Blutvergießen vermieden werden kann. Bligh und seine Anhänger wird man im Beiboot auf dem Meer aussetzen.

Christian kann sich dem, was er da hört, nicht entziehen. Seine Gedanken beginnen zu jagen, seine Pläne nehmen Gestalt an. Als Young weggeht – nach unten, um abzuwarten, wie es weitergeht –, kämpft der Erste Offizier bereits mit dem Gedanken, wie hoch der Preis für eine Meuterei sein wird. Aber wird er höher sein als der Preis der Desertation?

4.30 Uhr. Es ist immer noch dunkel – bis auf den unnatürlich wirkenden Feuerschein des Vulkans.

5 Uhr. Achtern zeigt sich das erste fahle Licht der Dämmerung. Die Meuterei beginnt.

Christian spricht mit Matthew Quintal, einem wilden, athletisch gebauten 21jährigen. Dann mit Isaac Martin, der mit seinen 30 Jahren mager und grießgrämig aussieht, aber mit 1,75 Metern fast so groß ist wie Christian. Beide Männer sind ausgepeitscht worden. Beide fühlen sich ungerecht behandelt. Als Christian ihnen von seinem Plan erzählt, das Schiffskommando ohne Blutvergießen zu übernehmen, willigen sie ein.

Während sie weiter den Wind beobachten, geben sie Christian Auskunft darüber, wie ihre Kameraden wohl einzuschätzen sind. Da ist Charles Churchill. Ein hartgesottener Bursche, wie es ihn nur selten gibt. Ist schon mal abgehauen. Wurde wieder eingefangen, in Eisen gelegt und mindestens zweimal ausgepeitscht. John Adams (der auf dieser Fahrt noch Alexander Smith heißt), Bill McKoy, Mat Thompson und Jack Williams: Alle haben sie gute Gründe dafür, Bligh aus tiefster Seele zu hassen.

Christian weiß, daß diese wenigen Männer – selbst wenn er annimmt, daß er mit ihnen rechnen kann – bei einer Besatzung von 46 Mann für sein Vorhaben nicht ausreichen.

Um die Unterstützung der übrigen Männer zu bekommen, muß er die Waffenkammern unter seine Kontrolle bringen. Sein Zorn und seine Verzweiflung werden hier deutlicher als zu jedem anderen Zeitpunkt im Verlauf der Meuterei: Einerseits sind sie keineswegs der einzig mögliche Ausweg; andererseits ist es mehr als ungewiß, wie alles ausgehen wird. Und er entscheidet sich ganz bewußt für den Kampf, auch wenn er nur auf die Unterstützung einer Handvoll Draufgänger zählen kann.

Es geht los!

Quintal, McKoy und Christian gingen nach unten, um Joseph Coleman, den Waffenmeister, zu wecken. Von ihm hing nun alles Weitere ab. Er händigte ihnen die Schlüssel für die beiden Waffenkammern aus. Dort fanden sie auch die Seekadetten John Hallet und Tom Hayward, die nicht zu Christians Wache erschienen waren. Er brüllte sie wach und scheuchte sie auf ihre Posten.

Die Waffen wurden verteilt. Christian selbst nahm eine Flinte, ein festsitzendes Bajonett, eine Pistole, eine Schachtel mit Patronen – und einen kurzen Säbel!

Um halb sechs, als die Sonne über dem Meer aufging, war die Meuterei in vollem Gange. Auf dem Deck, achtern zum Kreuzmast, musterte Christian schweigend die Mannschaft. Quintal, Martin, Churchill, McKoy, Burkett und Lamb wurden bewaffnet.

Quintal war mittlerweile unten gewesen, um die Matrosen aufzuwecken. Drei weitere Männer, die von der Luke herkamen, schlossen sich den Meuterern an: John Sumner, John Adams und Henry Hillbrant. Sie erhielten ebenfalls Waffen.

Ellison und Mills verließen das Steuer und schlossen sich Christians Leuten an. Die beiden Schlafmützen Hallet und Hayward erwiesen sich als widerspenstig. Martin wurde beauftragt, sie zu bewachen.

Christian hatte jetzt das Oberdeck unter Kontrolle. Die drei oder vier Mann, die sich den Meuterern dort nicht angeschlossen hatten, wurden in Schach gehalten.

In ihren Kajüten unten schliefen der Kapitän und der Erste Steuermann immer noch tief. Blighs Kajüte lag Richtung Steuerbord und Fryers Richtung Backbord.

Blighs Sturz

Jetzt war der Augenblick gekommen, um Kapitän Bligh festzunehmen. Christian ging zusammen mit Churchill, Mills, Adams und Burkett nach unten. Sie stürmten in die knapp vier Quadratmeter große Kajüte. Unsanft aus dem Schlaf gerissen, sah Bligh als erstes fünf bewaffnete Männer in sein winziges Quartier eindringen, während er wehrlos in seiner Koje lag.

„Gerade vor Sonnenaufgang, als ich noch schlief", so schrieb er einige Monate später nieder, „kam Mr. Christian mit dem Waffenmeister, dem Kanoniersgehilfen und Thomas Burkett, einem Matrosen, in meine Kajüte. Sie packten mich, banden mir die Hände mit einem Strick auf dem Rücken zusammen und drohten mir, mich sofort zu töten, sollte ich etwas sagen oder den geringsten Lärm machen.

Ich jedoch schrie, so laut ich konnte, in der Hoffnung, daß jemand mir zu Hilfe eilen würde; aber sie hatten schon Posten aufgestellt vor den Türen der Offiziere, die nicht auf ihrer Seite waren, so daß mir niemand beistehen konnte."

Es gab wohl kaum einen an Bord, der nicht Blighs verzweifelte Hilferufe hörte. Daß er aus Leibeskräften brüllen konnte, wenn er wütend war oder einen Untergebenen beschimpfte, war allen nur zu gut bekannt. Aber viele schauderte es jetzt unwillkürlich, als sie ihn in Todesangst schreien hörten.

„Ich wurde aus dem Bett gezerrt und in meinem Nachtgewand gewaltsam an Deck gebracht, wobei mir die Fesseln an meinen Händen, die sehr fest angelegt waren, große Schmerzen bereiteten", schrieb Bligh. „Ich verlangte den Grund für eine derartige Behandlung zu erfahren, erhielt aber keine andere Antwort, als daß ich beschimpft wurde, weil ich meinen Mund nicht hielt."

Andere sagten später aus, man habe Bligh sofort den Grund dafür genannt. Christian sei es gewesen, der ihm mit großer Verbitterung antwortete: „Wie können Sie da noch fragen, Käpitän Bligh? Wie können Sie da noch fragen, wo Sie genau wissen, daß Sie uns Offiziere und all die armen Kerle hier wie räudige Hunde behandelt haben?"

Da Bligh fortwährend „Zu Hilfe! Mörder!" schrie, entstand auf dem Schiff allmählich große Verwirrung. Alle liefen an Deck, als ob sie von Bord gehen wollten. Als Bligh, der nicht aufhörte, wüst zu schimpfen und zu fluchen, in recht unehrerbietiger Weise an Deck gezerrt wurde, merkten auch die letzten, was hier im Gange war. Allerdings schlossen sich nur Muspratt und Millward den Meuterern noch an.

Fryer, der Erste Steuermann und kein Freund von Bligh (aber ebensowenig von Christian), wachte durch Blighs Geschrei auf. Es hatte etwas Unwirkliches an sich, als er durch die Glasverkleidung seiner Tür beobachtete, wie Bligh im Nachthemd, mit den Händen auf dem Rücken gefesselt, die Leiter hinaufstolperte.

Ehe er richtig zur Besinnung kam, polterte Quintal hocherregt zur Tür herein und verkündete ihm: „Sie sind verhaftet!“

Fryer war bei der gesamten Besatzung nicht sehr beliebt. In Christians Augen war er wahrscheinlich faul und alles andere als ein Mann. Er galt nicht gerade als Held. Jetzt, in dieser heiklen Situation, wuchs er über sich selbst hinaus. Widerspenstig warnte er Quintal vor den Folgen einer Meuterei: Vor der königlichen Marine würde es kein Entkommen geben, auf sämtlichen Ozeanen der Welt kein Versteck. Er und seine Kameraden würden ganz gewiß aufgespürt, vor Gericht gestellt und gehängt werden.

Während oben eilige Füße über die knarrenden Schiffsplanken liefen und lautes Geschrei zu hören war, verlangte der Erste Steuermann zu wissen, was mit Bligh geschehen sollte. Als er hörte, daß der Bootsmann gerade dabei war, den Kutter auszusetzen, explodierte Fryer: „Bei dem kleinen Kutter ist der Boden fast durch. Der ist doch völlig von Würmern zerfressen. Ich verlange, daß man mir gestattet, an Deck zu gehen, um nach Kapitän Bligh zu sehen.“

Quintal und Sumner, die beide voll bewaffnet waren, drohten, ihn umzubringen, wenn er nicht still wäre – doch vergeblich. Er bestand darauf, daß man seine Forderung, ihn mit Bligh sprechen zu lassen, Christian vorbringen sollte. Dem wurde stattgegeben. Widerstrebend gestattete Christian ihm, an Deck zu kommen.

Fryer traf Bligh in einem Zustand an, wie er ihn nie zuvor gesehen hatte. Jeglicher Würde beraubt, stand er, mit den Händen auf dem Rücken an den Besanmast gefesselt, da. Sein Nachthemd war in den Strick verwickelt und ließ die Hinterbacken frei.

Bligh schilderte die Situation später aus seiner Sicht so: „Ich setzte meine Bemühungen fort, dem Lauf der Dinge eine andere Wendung zu geben, als Christian plötzlich den kurzen Säbel aus der Hand legte und sich dafür ein Bajonett geben ließ. Und während er mich mit hartem Griff an meinen Handfesseln festhielt, drohte er mir unter Schwören und Fluchen den Tod an, sollte ich nicht sofort Ruhe geben. Die Schurken um mich herum hatten alle ihre Gewehre gespannt und ihre Bajonette aufgepflanzt."

Fryer zeigte sich überrascht von Blighs Starrköpfigkeit angesichts dieser aussichtslosen Situation. Er hörte, wie er den Männern um sich herum drohte, ja nicht auf ihn zu schießen.

Mitten in all dem Chaos, das zu diesem Zeitpunkt der Meuterei herrschte, forderte Fryer wiederholt und tapfer Christian und die anderen bewaffneten Männer heraus: „Überlegt, was ihr anrichten werdet!"

In dem allgemeinen Durcheinander wurde es allmählich klar, daß Christian und seine bewaffneten Anhänger Bligh mit all denen, die ihm immer noch ergeben waren, in dem Kutter aussetzen wollten. Wieder wies Fryer unter lautem Protest darauf hin, daß der kleine Kutter nicht seetüchtig sei. Der Boden war verfault, und die Männer würden im Meer, wo es von Haien nur so wimmelte, keine Chance haben. Man sollte ihnen wenigstens die Barkasse überlassen.

Als dieser Vorschlag nicht sofort Zustimmung fand, trat Fryer an Bligh heran und machte ihm flüsternd den Vorschlag, daß er im äußersten Notfall bereit wäre, an Bord zu bleiben, um möglicherweise das Kommando über das Schiff zurückzugewinnen. Schließlich war von einer ganzen Anzahl von Männern, einschließlich des Offiziers

Peckover, immer noch nicht bekannt, auf welcher Seite sie standen. Er hielt es für möglich, sie doch noch zu gewinnen.

Bligh ignorierte ihn rüde und kreischte hysterisch: „Schlagt Christian zusammen!"

Keiner rührte sich.

In der Hoffnung, daß niemand gehört hatte, was er zu Bligh gesagt hatte, bat Fryer um die Erlaubnis, zu Peckover zu gehen, der immer noch zusammen mit dem Botaniker David Nelson unter Deck festgehalten wurde. Erstaunlicherweise wurde es ihm gestattet. Obwohl sich der Erste Steuermann nun nach Kräften bemühte, gelang es ihm nicht, die beiden für seinen Plan zu gewinnen. Sie hatten die Hoffnung aufgegeben. Sie schauten Fryer an, als sei er ein Naivling, der etwas völlig Aussichtsloses unternehmen wollte.

Als Fryer auf das Deck zurückkehrte, wurde er angewiesen, wieder in seine Kajüte zu gehen.

Blighs Bursche und Koch, John Smith, erhielt Befehl, die Kleidung des Kapitäns zu holen. Außerdem wurde er angewiesen, an alle Besatzungsmitglieder eine Portion Schiffsgrog auszugeben.

Fryer war in einer Hinsicht erfolgreich gewesen. Die Barkasse wurde jetzt anstelle des kleinen Kutters hinuntergelassen. Dies würde Bligh und allen, die sich auf seine Seite gestellt hatten, eine Chance geben, heil durch die Südsee zu kommen.

Christian hatte jetzt die völlige Kontrolle über das Schiff. Er wußte nun, auf wen er zählen konnte und auf wen nicht. Wer sich für Bligh ausgesprochen hatte, mußte in die Barkasse gehen. Schließlich erhielt Bligh selbst, der mittlerweile völlig angezogen war, den Befehl, in das Boot zu steigen. Mitnehmen durften die Ausgesetzten ein Faß mit 28 Gallonen Trinkwasser (etwa 130 Liter), 150 Pfund

Schiffszwieback und etwas Rum. Bligh erhielt einen Quadranten und einen Kompaß. Karte, Sextant, Chronometer sowie seine ganzen Pläne und Aufzeichnungen mußte er auf der „Bounty" zurücklassen. Später schrieb er: „Mr. Samuel bin ich zu tiefem Dank dafür verpflichtet, daß er meine Logbücher und verschiedene Schiffspapiere an sich brachte. Ohne sie könnte ich nicht nachweisen, was ich geleistet habe, und meine Ehre und mein Charakter möchten wohl angezweifelt werden, besäße ich nicht entsprechende Dokumente, um sie zu verteidigen."

Bligh wurde mit vier kurzen Säbeln ausgestattet, und als der Zimmermann sich für ihn entschied, erlaubte man ihm, seinen Werkzeugkasten mitzunehmen.

25 Mann blieben an Bord der „Bounty". Neunzehn segelten mit der Barkasse davon.

Bligh vertrat (zu Recht) die Ansicht, daß ihm mindestens vier von denen, die bei Christian blieben, immer noch treu ergeben waren.

Man schrieb den 28. April 1789. Die Mannschaft der „Bounty" war 19 Monate zusammengewesen. Jetzt lagen über 3500 Seemeilen offenen Ozeans vor Bligh und seinen Leuten, die sie in einer knapp sieben Meter langen Barkasse zurücklegen mußten. Ein nahezu unmögliches Unterfangen.

Auf der „Bounty" hatten die Meuterer ein Abenteuer begonnen, das die Phantasie vieler Generationen seither immer wieder beflügelt hat.

Mit Kapitän Bligh
wurden in der Barkasse ausgesetzt:

Name:	*Rang:*
John Fryer	Erster Steuermann
Thomas Ledward	Arztmaat
David Nelson	Botaniker
William Peckover	Kanonier
William Cole	Oberbootsmann
William Purcell	Zimmermann
William Elphinstone	Unterleutnant
Thomas Hayward John Hallet	Seekadetten
John Norton Peter Linkletter	Steuermänner
Lawrence Lebogue	Segelmacher
John Smith Thomas Hall	Köche
George Simpson	Steuermannsmaat
Robert Tinkler	Bursche
Robert Lamb	Fleischer
Mr. Samuel	Schreiber/Steward

An Bord der „Bounty“ blieben:

Name:	*Rang:*
Fletcher Christian	Erster Offizier
Peter Heywood Edward Young George Stewart	Seekadetten
Charles Churchill	Polizeioffizier
John Mills	Kanoniersmaat
James Morrison	Oberbootsmannsmaat
Thomas Burkett Matthew Quintal John Sumner John Millward William McKoy Henry Hillbrant Michael Byrne* William Muspratt Alexander Smith (John Adams) John Williams Thomas Ellison Isaac Martin Richard Skinner Matthew Thompson	Vollmatrosen
William Brown	Gärtner
Joseph Coleman*	Waffenmeister
Charles Norman*	Zimmermannsmaat
Thomas McIntosh*	Zimmermannsgehilfe

„Insgesamt 25 Mann, und die fähigsten der gesamten Schiffsbesatzung.“ (William Bligh)

* Wurden gegen ihren Willen auf der „Bounty“ zurückgehalten.

Eine wichtige Expedition

Als die Meuterei geschah, war William Bligh, Sohn eines Zollbeamten aus Plymouth und 1,70 Meter groß, 34 Jahre alt. Mit 16 Jahren war er zur See gegangen und hatte bald die Aufmerksamkeit seiner vorgesetzten Offiziere erregt, weil er in der Navigation und im Zeichnen von Landkarten außergewöhnliche Fähigkeiten bewies.

Um 1776 war Bligh dann von dem berühmtesten englischen Forschungsreisenden aller Zeiten, Kapitän James Cook, entdeckt worden. In jenem Jahr nahm Cook ihn an Bord der H. M. S. „Resolution“ als Schiffsführer und übertrug ihm daneben die Aufgaben des Navigators und Kartographen. Die „Discovery“ war ebenfalls an dem Unternehmen beteiligt.

Die Schiffsbesatzung sowohl der „Resolution“ als auch der „Discovery“ bescheinigten Bligh enorme technische Fähigkeiten. Sie lernten aber auch bald sein launisches Wesen kennen, seine scheinbare Unfähigkeit, feste Freundschaften aufzubauen, seine ungehobelten Manieren und Ausdrucksweisen und seine extreme Empfindlichkeit.

Englands Nationalheld James Cook starb auf dieser Reise mit Bligh. Viele, die auf der Fahrt dabei waren, machten Bligh indirekt für den Tod des großen Mannes verantwortlich. Cooks Beziehungen zu den Eingeborenen von Hawaii hatten zu dem Zeitpunkt etwas gelitten, aber ein Notfall zwang ihn, zu einem äußerst kritischen Zeitpunkt an Land zu gehen. Als die Besatzungen der „Resolution“ und der „Discovery“ sahen, wie die Häuptlinge von Hawaii Cook und seinen Begleitern an den Strand entgegengingen, eröffneten sie das Feuer. Dieses überstürzte Vorgehen führte dazu, daß die Häuptlinge von Hawaii Cook ermordeten. Als erster hatte William Bligh das Feuer eröffnet . . .

Zwei schwierige Persönlichkeiten

„Emotional“, „jähzornig“, „sprunghaft“ – so wurde Bligh immer wieder beschrieben. Mit den gleichen Begriffen hätte man auch Fletcher Christian charakterisieren können. Er war zehn Jahre jünger als Bligh, 1,75 Meter groß, von kräftiger Gestalt und dunkler Haut und hatte schwarze Haare. Obwohl auch er Stimmungen und Depressionen unterworfen war, hatte er keine Schwierigkeiten in seinen zwischenmenschlichen Beziehungen. Er war beliebt, ja an guten Tagen sogar amüsant und unterhaltend. Ein Offizier, der mit ihm vor der „Bounty“-Expedition auf großer Fahrt gewesen war, schrieb über ihn: „Er hatte eine fröhliche, freundliche Miene und war von großer, beeindruckender Gestalt, die wohl auch außergewöhnlichen Anforderungen an Kraft und Behendigkeit gewachsen war.“ Bei den Landgängen machten ihn sein Charme und sein weltmännisches Auftreten zu einem Frauenhelden erster Güte.

Christian hatte sieben Jahre lang das Cockermouth Gymnasium besucht. Sein letztes Jahr dort fiel zusammen mit dem ersten Jahr des berühmten Dichters William Wordsworth, der später nach Hawkshead überwechselte. Die Familien Christian und Wordsworth unterhielten enge freundschaftliche Beziehungen. Als Edward Christian sich nach der Meuterei darum bemühte, seinen Bruder zu rehabilitieren, fand er dafür einen treuen Verbündeten in William Wordsworth. Dennoch gibt es keinen Beweis für eine *persönliche* Freundschaft zwischen dem großen Dichter und dem berühmten Meuterer.

Obwohl er einer vornehmen Familie entstammte, hatte Christian keinerlei Abneigung gegen das rauhe Leben auf See mit all seinen Entbehrungen. Im Jahr 1782 trat er in die Königliche Marine ein, als England mit Frankreich, Spanien und den Niederlanden im Krieg lag und immer noch versuchte, den Aufstand unter den amerikanischen Siedlern niederzuschlagen.

Nach nur zwei Jahren auf See wurde ihm an Bord der H. M. S. „Eurydice" eine Wachmannschaft unterstellt, was für einen so jungen Mann ungewöhnlich, ja fast einmalig war. Es schien praktisch sicher, daß er Erster Offizier werden würde (Jahre bevor Bligh denselben Rang erreicht hatte). Christian war in Afrika, Indien und auf den Westindischen Inseln gewesen. Weder von Kapitän Courtney von der H. M. S. „Eurydice" noch von Kapitän Bligh von der „Britannia" (die erste der beiden Fahrten mit Bligh) gab es Hinweise darauf, daß Christian in irgendeiner Weise ein Unruhestifter war. Im Gegenteil. Von beiden Kapitänen erhielt er die besten Empfehlungen.

Nach seiner Rückkehr von der ersten Fahrt wurde Fletcher Christian von der Nachricht erschüttert, daß seine Mutter bankrott war. Trotzdem wurde die Familie Christian auch weiterhin sowohl auf der Insel Man als auch in Cumbria mit größter Hochachtung behandelt. Auch war ihr hoher gesellschaftlicher Rang unbestritten. Fletchers Bruder war Professor für Recht und sein Onkel der Bischof von Carlisle. Aber der Bankrott seiner Mutter verfehlte nicht seine grundlegende Wirkung auf Fletcher Christian. Zumindest teilweise war er der Auslöser dafür, daß er unbedingt unter Bligh wieder auf große Fahrt gehen wollte. Seine finanzielle Abhängigkeit von Bligh gab diesem allerdings ein Mittel in die Hand, mit dem er ihn lächerlich machen und bloßstellen konnte.

Daß Bligh und Christian überhaupt zusammengekommen waren, hing ursprünglich mit Blighs Heirat im Jahre 1780 mit einer Dame von der Insel Man zusammen. Bligh schrieb von ihr, daß sie „gute Verbindungen“ hatte. Unter diesen „Verbindungen“ waren auch die einflußreichen Familien Heywood und Christian.

Der 14jährige Peter Heywood verdankte seine Stellung als diensttuender Seekadett an Bord der „Bounty“ Blighs Verbindung zur Insel Man. Und es war ebendiese Verbindung, die ursprünglich Fletcher Christian mit Bligh zusammenbrachte. Bei ihrer ersten Fahrt in die Südsee an Bord der „Britannia“ hatte Bligh festgestellt, daß Christian ein erstklassiger Navigator war, und Christian hatte von Blighs Leitung viel profitiert. Daß Christian mit ihm ein zweites Mal segeln sollte, diesmal an Bord der „Bounty“, war so etwas wie eine Entscheidung in letzter Minute. Bligh hatte Christians Bewerbung höflich bedauernd abgelehnt, weil er bereits genügend Offiziere beisammen hatte. Fletcher Christians umgehende Rückantwort hatte Bligh davon überzeugt, daß er die richtige Einstellung besaß, und so nahm er ihn doch mit. Christian hatte angeboten, die Arbeit eines Matrosen zu verrichten. Seine einzige Bedingung: daß er am Offizierstisch essen konnte. Er wurde als Erster Offizier angeheuert.

Bligh schrieb seinen *Bericht über die „Bounty“-Expedition* einige Monate nach der Meuterei nieder, im Anschluß an seine grandiose 3900-Seemeilen-Fahrt in der Barkasse über den Pazifik. Während Blighs zweiter „Brotfruchtbaum-Reise“ in den Jahren 1791 bis 1793 nahmen seine Freunde Sir Joseph Banks und James Burney außerdem umfangreiche Ergänzungen zu dem Bericht sowie etliche

Streichungen vor, um in der veröffentlichten Form ja nichts Positives über die Meuterer erscheinen zu lassen.

Aber obwohl Bligh voll rehabilitiert wurde und später in der Königlichen Marine noch eine glänzende Karriere machte, waren seine Charakterschwächen, die auf der „Bounty“ so viel Unruhe hervorgerufen hatten, immer noch vorhanden. Sie bildeten auch weiterhin den Anlaß für Beschwerden. Die Stelle von Fletcher Christian nahm auf der zweiten „Brotfruchtbaum-Reise“ in den Jahren 1791 bis 1793 Oberleutnant Francis Bond ein. Man fuhr auf der „Providence“.

Im Dezember 1792 schrieb Bond an seinen Bruder in England: „Ja, Tom, unserem Oheim [Bligh] eilt der Ruf voraus, auf seiner letzten Expedition ein Tyrann gewesen zu sein, als die Wechselfälle des Glücks ihn in eine Lage gebracht hatten, die mit Besonnenheit zu meistern er nicht fähig war. Er hat von sich selbst eine sehr hohe Meinung, und das verleitet ihn dazu, auf alle in unserem Rang mit Verachtung, ja, vielleicht auch Mißgunst herabzublicken... Dabei will ich seine umfassenden Kenntnisse als Seemann und Nautiker beileibe nicht herabwürdigen. Aber ich mißbillige doch diesen Mangel an gesunder Selbsteinschätzung. Um deutlich zu sein, laß dir sagen, daß er mich (vor versammelter Mannschaft) in einer anmaßenden und arroganten Weise behandelt... Und ungeachtet dessen, daß seine Zornesausbrüche teilweise einem Nervenfieber zugeschrieben werden, von dem er auf weiten Teilen der Reise befallen war, muß doch der Hauptgrund für sein Verhalten in erster Linie in seiner Unfähigkeit, seinen Jähzorn zu zügeln, gesucht werden.“

Bonds Brief schildert dann noch weitere Einzelheiten. Bligh scheint demnach die Absicht verfolgt zu haben, die leitenden Offiziere zu demütigen, indem er sie niedrige Arbeiten verrichten ließ – einschließlich Schrubben der Decks –, während sie die Matrosen beaufsichtigten. Für jede Kleinigkeit mußte Blighs Erlaubnis eingeholt werden. Er war nicht bereit, anderen Verantwortung zu übertragen. Es gibt deutliche Hinweise dafür, daß er Bond etliche Male vor der gesamten Besatzung lächerlich machte ...

Ähnliche Beschwerden, was Blighs Verhalten betraf, gab es nach seiner Absetzung als Statthalter von New South Wales. Er hatte diese Stellung von 1806 bis 1810 innegehabt.

Die Kriegsgerichtsprotokolle der Seeoffiziere Frazier (1805), Short (1807), Kent (1811) und Johnstone (1811) bestätigen alle, daß Bligh zu Rachsucht und einem beleidigenden Umgangston neigte. Ja, Bligh wurde von einem Kriegsgericht wegen Beleidigung eines Offiziersanwärters verurteilt und galt als einer der Auslöser für die Meuterei der gesamten Kriegsflotte von Nora.

Blighs Dritter Offizier auf der „Providence" während der zweiten „Brotfruchtbaum-Reise" war George Tobin. Anläßlich Blighs Tod im Jahre 1817 schrieb er, daß es an Bord der „Providence" keine „systematische Tyrannei" gab, machte aber zahlreiche Anspielungen auf „jene wilden Tornados des Jähzorns, wenn er sich selbst vergaß", und auf „seine ungezügelte Wortgewalt".

Im Gegensatz dazu scheint der einzige, der sich je über Christian beschwerte, Bligh selbst gewesen zu sein – und das auch nur in einem stark überarbeiteten Manuskript, das *nach* der Meuterei geschrieben wurde. Wir müssen die Gründe für die Meuterei also eindeutig bei den Ereignissen an Bord der „Bounty" suchen, deren glücklose Fahrt am 23. Dezember 1787 begann.

Die Reise nach Tahiti

Ein heulender, kräftiger Wind blies von der Nordsee in den Kanal und trug die „Bounty" von der heimatlichen Küste weg, die sie nie wieder sehen sollte. Die schneidende Kälte trieb den Seeleuten das Wasser in die Augen und zog der kleinen Gruppe von Seekadetten, die sich auf Deck zusammendrängte, fast die Haut ab.

Die Besatzung bestand neben Bligh aus 44 Mann. Auf Anraten von Sir Joseph Banks, des Präsidenten der *Royal Society* (Königliche Gesellschaft der Naturwissenschaften), hatte man außerdem zwei Botaniker an Bord: David Nelson und William Brown. Sir Joseph hatte alle Vorkehrungen für die Reise getroffen, und Lord Sydney, ein Minister, hatte vom „Bauernkönig" George III. die Erlasse und Bevollmächtigungen für Bligh besorgt.

Der amerikanische Unabhängigkeitskrieg hatte die Westindischen Inseln von ihrer wichtigsten Nahrungsmittelquelle abgeschnitten. Es war ratsam geworden, daß sie sich in größerem Umfang selbst versorgten. Die *Royal Society* hatte demjenigen eine Goldmedaille in Aussicht gestellt, dem es gelingen würde, mindestens „sechs Brotfruchtbaumpflanzen ... als Schößlinge" von den Pazifischen Inseln zu den Westindischen Inseln zu bringen.

Blighs Order lautete: „Dieweil der König aufgrund einer Darstellung der Kaufleute und Plantagenbesitzer im Interesse Seiner Majestät Besitztümer in Westindien, daß die Einführung des Brotfruchtbaumes auf die Inseln jener Meere, um ein Nahrungsmittel zu liefern, von wesentlichem Nutzen für die Einwohner wäre, es für richtig befunden hat, um die Interessen eines so beträchtlichen Teiles seiner Untertanen zu fördern (zumal in einer Angelegenheit, die allgemeinen Nutzen zu versprechen scheint), daß Maßnahmen ergriffen werden sollten, um einige solche Bäume zu beschaffen und sie zu den besagten Westindischen Inseln zu bringen; und dieweil das Schiff unter Eurem Befehl folglich für diese Aufgabe ausgestattet und mit Lebensmitteln versehen worden ist, weiterhin mit entsprechender Einrichtung und allem Notwendigen für die Aufbewahrung so vieler besagter Bäume, wie das Schiff nur aufnehmen kann, versehen worden ist... werdet Ihr deshalb in Ausführung des Willens Seiner Majestät, uns bekanntgemacht durch Lord Sydney, einen seiner ersten Minister, hierdurch aufgefordert, mit dem Schiff, das Ihr befehligt, in See zu stechen bei der ersten günstigen Gelegenheit hinsichtlich Wind und Wetter, und damit so geschwind als möglich um Kap Hoorn herum zu den Gesellschaftsinseln zu segeln, in der Südsee ungefähr auf dem 18. südlichen Breitengrad gelegen, und mit einem Längengrad von ungefähr 210 östlich von Greenwich..."

Die Brotfruchtbäume sollten „in Seiner Majestät botanischen Gärten zu St. Vincent zum Wohle der Windward Islands" (Inselgruppe der Kleinen Antillen, die von Dominica bis Grenada reicht.) gelöscht werden. Von dort sollten sie nach Jamaica weitersegeln und dann schließlich nach England zurückkehren.

Bligh, dem die Besatzung den Spitznamen „Old Breadfruit" gab, schrieb in sein Logbuch: „Die große Kajüte war für die Aufbewahrung der Bäume bestimmt und wurde bis zur hinteren Luke erweitert. Sie hatte zwei große Oberlichter und auf jeder Seite drei Luftklappen. Außerdem hatte man einen falschen Boden mit vielen Löchern für die Blumentöpfe eingezogen, in denen die Schößlinge an ihren Bestimmungsort gebracht werden sollten. Das Deck war mit Blei beschwert, und an den äußersten Ecken der Kajüte waren Rohre angebracht, mit denen das Wasser, das von den Pflanzen abfloß, in Fässer weiter unten geleitet wurde, um es später wieder verwenden zu können."

Ungeachtet seines Spitznamens war es nicht die „Operation Gewächshaus", die Bligh an seinem Auftrag mit der „Bounty" am meisten begeisterte. Von Cook hatte er die Leidenschaft für Entdeckung und Kartographie übernommen. Und der finanzielle Förderer dieser Expedition, Sir Joseph Banks, hatte ihm aufgetragen, die relativ unberührten Regionen des Pazifik zwischen Tahiti und Timor „zu erforschen und zu vermessen". Kurzum: Er sollte Kapitän Cooks Werk vollenden. Aus diesem Grund brach Bligh mit dem ausgeprägten Bewußtsein auf, eine historische Mission zu erfüllen.

Er wäre am Boden zerstört gewesen, hätte er gewußt, daß die Admiralität ihn schon vergessen hatte, als er kaum aus dem Kanal gesegelt war. Und er *war* vernichtet, als er nach einer heldenhaften Reise von 3900 Meilen in der Barkasse der „Bounty" mit einer verbitterten Besatzung schließlich auf einem Schiff in ein England zurückkehren konnte, in dem die Ereignisse der Französischen Revolution seine Großtaten so sehr in den Schatten stellten, daß sie fast unbeachtet blieben.

Aber an jenem Weihnachtstag des Jahres 1787, als die erste graue Morgendämmerung über dem Golf von Biskaya sichtbar wurde, da war die Geschichte auf seiner Seite, und er fühlte sich beflügelt durch die „Vorsehung".

Der Sturmwind, der sie aus dem Kanal geblasen hatte, legte sich und ermöglichte es Blighs Besatzung, fröhlich Weihnachten zu feiern. Aber um den 29. Dezember herum wurden sie von einem starken Ostwind angegriffen. Dabei entstand schwerer Schaden an der Takelung. Bierfässer, die gegen das Deck geschlagen wurden, rollten davon und wurden über Bord gespült; die Rettungsboote wurden schwer beschädigt. Als sich herausstellte, daß ein großer Teil der Lebensmittel verdorben war und „die See in das Heck eingeschlagen und die Kajüte überschwemmt hatte", wurde entschieden, in Teneriffa einzulaufen. Dort wählte Bligh am 4. Januar 1788 Christian – und nicht Fryer, Peckover oder Elphinstone – dafür aus, ihn beim Gouverneur der Insel zu vertreten und um die nötigen Lebensmittelvorräte zu bitten sowie um die Erlaubnis, das Schiff im Hafen wieder instandzusetzen.

Am 10. Januar ging es weiter. Jeder wurde auf zwei Drittel der üblichen Brotration gesetzt. Innerhalb weniger Tage segelten sie unter dem südöstlichen Passatwind. „Wir hatten viel Regenwetter", schrieb Bligh in sein Logbuch. „Die Luft war schwül und drückend." Es fiel so starker Regen, daß sie über dreitausend Liter Wasser sammeln konnten. Wochenlang regnete es. Das ständige nasse Wetter führte zusammen mit der schwülen Luft dazu, daß „alles mit Moder überzogen wurde".

Anfang März waren sie 100 Seemeilen von der Küste Brasiliens entfernt. Sie fingen und aßen einen Hai und fünf Delphine. „Ich gab Anweisung, daß die leichte Tropenkleidung der Besatzung weggepackt werden sollte, und ließ sie Sachen anziehen, die dem kalten Klima angemessener waren", notierte Bligh, während sie weiter in die südliche Hemisphäre in Richtung Magellan-Straße segelten.

Bis Mitte März waren sie in „dichtes Nebelwetter geraten" und „sahen Wale und Albatrosse". Am 24. März erreichten sie die gefürchtete Magellan-Straße. Fast augenblicklich gerieten sie in „schweres Sturmwetter". „Um sechs Uhr am Morgen übertraf der Sturm alles, was ich jemals zuvor erlebt hatte", schrieb Bligh. „Und durch das häufige Drehen des Windes in entgegengesetzte Richtungen entstanden extrem hohe Wellen . . . Der heftige Wind dauerte an, mit starken Hagelböen und Graupelregen . . ."

Am 12. April war die Lage noch nicht besser geworden. Das Schiff begann in allen Fugen zu ächzen. Alle Mann, soweit nicht anderweitig beschäftigt, waren zum Wasserpumpen abkommandiert. „Die Decks wurden so leck, daß ich mich gezwungen sah, die große Kajüte (die für die Brotfruchtbaum-Schößlinge vorgesehen war) den Männern zur Verfügung zu stellen, deren Kojen naß geworden waren, damit sie hier ihre Hängematten aufknüpfen konnten. Auf diese Weise war auch das Zwischendeck nicht mehr so überfüllt."

Manchmal trieb sie der Wind tagelang vor sich her. Bis zum 9. Mai waren sie so weit von ihrem Kurs abgekommen, daß Überlegungen angestellt wurden, bei den Falklandinseln vor Anker zu gehen. Doch Bligh beschloß: „Ich hielt es nicht der Mühe wert, bei diesen Inseln Station zu machen, da die Erquickung, die wir dort mögen erhalten haben, uns schwerlich für die dadurch verlorene Zeit entschädigt hätte."

Glynn Christian bescheinigte Bligh, daß er in außergewöhnlicher Weise um Gesundheit, Behaglichkeit und Hygiene seiner Leute besorgt war. Dies war auch der Grund für die wichtige Entscheidung, die er jetzt traf: den Südatlantik von Kap Hoorn bis zum Kap der Guten Hoffnung zu durchqueren. „Meine Leute", schrieb Bligh, „wurden allmählich krank, und ich hatte die ehrenhafte Pflicht der absoluten Entscheidungsfreiheit darüber, was ich für das Gelingen der Reise am besten hielt."

Am 24. Mai gingen sie am Kap der Guten Hoffnung vor Anker und blieben dort bis zum 1. Juli 1788. Dieses Mal wurde die „Bounty" gründlicher instandgesetzt und auch neu mit Proviant versehen.

Dann segelten sie exakt nach Osten.

Am 19. September waren sie, nachdem sie den südlichen Teil von Neuseeland umschifft hatten, auf dem Weg nach Tahiti. Am 26. Oktober gingen sie in der Matawai-Bucht vor Anker. „Eine große Anzahl von Kanus kam uns entgegen“, schrieb Bligh. Sobald die Inselbewohner sicher waren, daß die Seeleute „aus England kamen und nicht aus Lima, drängten sie in großer Zahl zu uns an Bord, obwohl wir bemüht waren, das zu verhindern“.

Sie hatten die Insel der Brotfrucht erreicht. Aber die Seeleute dachten nicht an Brotfruchtbäume, als sie an Land wateten . . .

Insel der Sonne

James Morrison, Bootsmannsmaat, der selbst Tagebuch führte, sprang rückwärts vom Schanzdeck. Er fand sich wieder unter riesigen, glitzernden Fischschwärmen. Die Farben und Formen waren einfach überwältigend. Es war ein herrliches Gefühl, durch sonnengesäumtes Wasser zu gleiten, und er kam sich vor wie im Himmel.

Die Einwohner von Tahiti verehrten Kapitän Cook sehr. Als die „Bounty" nun eintraf, herrschte deshalb großer Jubel. Kleine Freundschaftsgeschenke wurden denen entgegengebracht, die schon an Land gegangen waren.

Fletcher Christian erreichte im Kutter das Ufer. Er nahm mit dem Häuptling des Ortes Kontakt auf, überreichte ihm Geschenke „von König George III." und lud ihn im Namen des Königs an Bord der „Bounty" ein.

Der Häuptling von Matawai kam mit seiner Familie und seinem Gefolge in einer Flottille von Kanus zum Schiff. Tinah, so war sein Name, behandelte Bligh mit einer solchen Hochachtung, als habe er Kapitän Cook oder gar König George III. selbst vor sich. Gemäß den Gepflogenheiten des Landes wurde Bligh vom Häuptling und seiner Frau durch Nasenreiben willkommen geheißen. „Der König und seine ganze königliche Familie", wie Bligh sie ständig nannte, wurden auf dem Schiff herumgeführt, um ihnen alles zu zeigen. Insbesondere „der König" war von der „Bounty" fasziniert und drehte vor lauter Begeisterung in der Kapitänskajüte das Unterste zuoberst. Bald mußte Bligh feststellen, daß der Häuptling und seine Leute so viele „Andenken" hatten mitgehen lassen, daß

Pitcairn, wie es schon Tausende von Besuchern kennenlernen konnten, nachdem dieses Versteck der Meuterer 1809 entdeckt worden war.

damit das „große Schwein und etwas Brotfrucht", die ihm der Häuptling geschenkt hatte, mehr als großzügig bezahlt waren.

Der Häuptling machte keine Anstalten, wieder zu gehen. Die Verständigung war zu diesem Zeitpunkt noch dürftig; trotzdem ließ er sich von Bligh erklären, welchen Zweck die Kanonen hatten, und bestand darauf, daß eine abgefeuert wurde. Bligh erfüllte ihm den Wunsch. An jenem Abend gab er ein großes Abendessen für den Häuptling und sein ganzes Gefolge. Danach, so schrieb er, „waren der König und die ganze königliche Familie ständig meine Gäste". Bligh war in seinem Element.

Der Häuptling, so beobachtete Bligh, „wurde von einem seiner Diener gefüttert, der zu diesem Zweck neben ihm saß, was eine besondere Sitte bei einigen der höhergestellten Häuptlinge ist. Gerechtigkeitshalber muß ich ihm zugestehen, daß er seinen Diener ständig beschäftigt hielt. In der Tat hatte ich wenig Grund zur Klage darüber, daß es auch nur einem meiner Gäste an Appetit gemangelt hätte."

Am folgenden Morgen ließ Tinah mehrere Kanuladungen mit Schweinen zum Einpökeln zur „Bounty" bringen. War ihm vielleicht bewußt, wie sehr sie die Vorräte des Schiffes geplündert hatten? Verbunden damit war die Einladung Blighs zu einem Gegenbesuch beim Häuptling. An jenem Abend fand eine großartige Strandparty zu Ehren Blighs in der Matawai-Bucht statt. Im Bewußtsein der Rolle, die er als berühmter Mann – Nachfolger von Kapitän Cook – auszufüllen hatte, wuchs Bligh bei dieser Gelegenheit über sich selbst hinaus. Er stellte fest, daß Scharen von Kindern ihn umringten. Als sich zeigte, daß er nur den Säuglingen auf den Armen ihrer Mütter bunte Perlen schenkte, wurden „Jungen von zehn und zwölf Jahren auf den Arm genommen und zu mir gebracht“, schrieb Bligh. „Dies gab den Anlaß zu viel Gelächter.“

Der Kapitän lobt sich in seinem Tagebuch selbst dafür, wie gut er den Abend mit „viel Späßen und guter Laune“ meisterte. Als er weit nach Mitternacht in seine Kajüte auf der „Bounty“ zurückkehrte, wurde ihm allerdings klar, daß er sämtliche Geschenke und all den Flitterkram, den er mitgebracht hatte, um bei den Eingeborenen Eindruck zu schinden, nun bereits hergegeben hatte. Am nächsten Tag fühlte er sich voller Zuversicht, was das ganze Unternehmen betraf: „Der Zweck meiner Reise wird vermutlich mit Leichtigkeit zu erfüllen sein.“

Bligh hatte seinen Leuten eingeschärft, nur ja keinem der Inselbewohner den eigentlichen Zweck ihres Besuches zu verraten. Er befürchtete, daß andernfalls die Preise für die Brotfruchtbäume kräftig steigen würden. Seine Sorgen waren allerdings völlig unbegründet, denn die Seeleute waren mit anderem beschäftigt.

Bald konnte Bligh die ganze Insel bereisen und noch andere Häuptlinge kennenlernen. Es ging ihm vor allem darum, die besten Exemplare an Brotfruchtbäumen zu finden. Dabei ging er so vor, daß er dem jeweiligen Häuptling Geschenke überreichte, als ob sie direkt von König George kämen, dessen Name ihnen allen durch die früheren Besuche Kapitän Cooks geläufig war. Bligh pflegte dann zu fragen: „Sicherlich möchtet ihr König George auch etwas zukommen lassen?“ Natürlich wollten sie das, und sie boten dabei die wertvollsten Dinge an, die sie sich überhaupt denken konnten, nur um zu erfahren, daß König George an nichts anderem als Brotfruchtbäumen interessiert war!

Als er schließlich genügend Exemplare beisammen hatte, wurde Christian beauftragt, am Strand Zelte zu errichten, in denen die Schößlinge untergebracht werden sollten. Gemeinsam mit den beiden Botanikern kam er diesem Auftrag nach. Dem Beispiel Cooks folgend, war Bligh bestrebt, an einer geschützten Stelle nahe der Matawai-Bucht einen Garten anzulegen. Von seinem Gönner darin ermutigt, hatte er eine ganze Auswahl an Samen mitgebracht. Der Garten wurde mit Melonen, Gurken und verschiedenen englischen Gemüsesorten bepflanzt. Die Inselbewohner schauten etwas verdutzt drein, als sie erfuhren, daß all dies für sie gedacht sei.

Bligh war auf der ganzen Insel Hahn im Korb. Jeden Abend hatte er eine andere gesellschaftliche Verpflichtung. Wenn er nicht die Häuptlinge mit ihren Familien bei sich auf der „Bounty“ zu Gast hatte, dann war er bei ihnen auf der Insel eingeladen. An einem Abend schließlich empfing er, was er eindeutig für die höchstmögliche Würde hielt: Er wurde zum Ehrenhäuptling ernannt. „Ein Stück Tuch“, so beschrieb er es, „wurde in der Art, wie es die Häuptlinge tragen, um meine Schultern und um meine Hüften gewickelt.“ Bligh platzte fast vor Stolz.

„Jeder Mann hat seine Tyo . . .“

Während Bligh sich in der Rolle des berühmten Mannes aus der großen weiten Welt sonnte, waren die Matrosen anderweitig beschäftigt, hauptsächlich unter den Bäumen, an schattigen, verschwiegenen Plätzen. „Vertraulichkeiten zwischen den Eingeborenen und unseren Leuten“, so stellte Bligh fest, entwickelten sich fast sofort nach der Ankunft der „Bounty“. „Es gab kaum einen Seemann, der nicht seine *Tyo* oder Freundin hatte.“ Bligh hatte nichts dagegen, war aber auch nicht sonderlich interessiert.

Unter den Polynesiern wurde diesen „Vertraulichkei-

Hinter geheimnisvollen Nebelschwaden taucht Pitcairn auf. So haben die ausgehungerten Männer ihre Insel zum ersten Mal gesehen. ■ Auch heute noch hängt Pitcairn wirtschaftlich hauptsächlich von der wilden, sturmgepeitschten, oft geradezu grausamen See ab, deren Brandung unüberhörbar an die schroffen Felsen donnert.

WELCOME to PITCAIRN

ten“ so gut wie keine Beachtung geschenkt. Auch gab es deswegen anfangs kaum einmal Spannungen oder Streit. Auch wenn die Eingeborenenmädchen mit Sicherheit nicht die spärlich bekleideten Verführerinnen im Baströckchen waren, wie man sie heute in jedem Kaufhaus auf Ölgemälden bewundern kann, so steht doch andererseits fest, daß sie den Annäherungsversuchen der Matrosen bereitwillig entgegenkamen.

Die meisten dieser Beziehungen waren von kurzer Dauer, und es gab häufigen Partnerwechsel. Eine der wenigen Ausnahmen war Christian. Er ließ sich schon bald mit einer hochgewachsenen Schönheit ein, die er Isabella nannte und mit der er fest zusammenwohnte. Außer ihm waren es noch John Adams (Alexander Smith) und Quintal, die „enge Bindungen“ mit Eingeborenenmädchen eingingen, also mit ihnen ein mehr oder weniger monogames Verhältnis hatten. Von daher betrachteten sich auf der Insel mindestens drei Frauen als „fest verheiratet“.

Der Sommer 1788/89 der südlichen Hemisphäre war paradiesisch schön für die gesamte Besatzung der „Bounty“ – einschließlich Bligh, dem die vielen Einladungen und anderen gesellschaftlichen Verpflichtungen nicht weniger Vergnügen bereiteten.

Nur sehr selten geschah einmal etwas, das die ruhige, sonnige Sorglosigkeit auf der Insel, an die sich die englischen Matrosen so leicht gewöhnt hatten, störte. Dann aber brüllte und tobte Bligh dermaßen, daß es die Inselbewohner einschließlich ihrer Häuptlinge mit der Angst zu tun bekamen. Aus den Aufzeichnungen einiger Offiziere und anderer Besatzungsmitglieder der „Bounty“ geht hervor, daß um diesen Zeitpunkt herum erstmals deutlich wurde, wie Bligh es bewußt darauf anlegte, Fletcher Christian vor den anderen zu demütigen.

Seit die „Bounty“ vor Anker gegangen war, hatte es immer mal wieder kleine Diebstähle seitens der Eingeborenen gegeben. Als jedoch das Ruder des großen Beibootes entwendet wurde – was vermutlich recht schwierig war –, beschloß Bligh, daß die Zeit gekommen war, um ein Exempel zu statuieren. Zunächst beschuldigte er seine Offiziere im allgemeinen und Christian im besonderen, nachlässig gewesen zu sein. Als der Dieb aufgegriffen wurde, ließ er ihm ein Dutzend Peitschenhiebe verabreichen. Bligh bemerkte dazu in seinem Tagebuch: „Unsere guten Beziehungen zu den Häuptlingen wurden dadurch so gut wie nicht getrübt.“ Vielleicht wollte Tinah ja auch die Laune seines verehrten Gastes wieder heben, als er an jenem Abend einen besonderen Tanz zu Ehren Blighs aufführen ließ. Wahrscheinlich war er recht erleichtert darüber, daß die Wutausbrüche des Kapitäns wenige Stunden zuvor diesen keineswegs daran hinderten, dem aufgeführten Tanz, der eine halbe Stunde dauerte und „aus lasziven Gesten und Bewegungen bestand“, mit Vergnügen zuzusehen. Anschließend gab es noch einen Damen-Ringkampf!

Ein zweites Mal wurde die Beschaulichkeit des Insellebens unterbrochen, als – nicht ganz unerwartet – Huggan, der Schiffsarzt, starb. John Huggan war das einzige Besatzungsmitglied gewesen, über das Bligh schon vor dem Auslaufen der „Bounty“ Beschwerde geführt hatte: „Aufgrund seiner Trägheit und seiner Fettleibigkeit ist er für die Reise recht ungeeignet.“ Dieses eine Mal hatte Bligh den Fall untertrieben. Es ist klar, daß Huggan Alkoholiker und somit die meiste Zeit betrunken war. Sein Tod, so Bligh, „war die Folge von Trunksucht und Trägheit“. Trunksucht allein hätte wahrscheinlich genügt. Der fettleibige Huggan wurde am 10. Dezember 1788 am Strand von Tahiti begraben.

Es war am Tag seiner Beerdigung, als das Gerücht aufkam, die „Bounty“ werde demnächst wieder in See stechen. Einige gerieten in Panik, als sie sahen, wie Fletcher Christian zusammen mit dem Botaniker David Nelson die 774 Brotfruchtbaum-Schößlinge, die mittlerweile erworben worden waren, aus den Zelten am Strand zur „Bounty“ bringen ließ. Tatsächlich war es aber ein falscher Alarm. Bligh war in Sorge gewesen, daß die hohen Wellen, die gelegentlich die Matawai-Bucht peitschten und aufwühlten, der „Bounty“ gefährlich werden könnten. Am Tag nach ihrer Abfahrt aus der Bucht wurde die „Bounty“ sicher in eine benachbarte, geschütztere Bucht gesteuert und ging dort vor Anker. Noch konnte das Leben auf der paradiesischen Insel weitergehen.

Deserteure

Mit dem 5. Januar 1789 setzte Blighs große Krise ein. Christians Wache begann um 4 Uhr. Sobald er seinen Dienst antrat, stellte er fest, daß das kleine Beiboot fehlte, und erstattete Bligh darüber Bericht. Sofort wurde die gesamte Schiffsbesatzung inspiziert. Es stellte sich heraus, daß drei Männer fehlten: Charles Churchill, William Muspratt und John Millward.

Nach kurzer Suche zeigte es sich, daß sie Waffen und Munition mitgenommen hatten.

Einige Inselbewohner kamen mit der Meldung auf das Schiff, daß die Deserteure mit dem Beiboot in der Matawai-Bucht gesehen worden waren und daß sie von dort aus in einem Kanu zur Insel Tethuroa übergesetzt hatten. Am späteren Vormittag wurde das Beiboot zu Blighs Befriedigung von fünf Inselbewohnern geborgen. Sein

Glynn Christian, direkter Nachkomme des berühmt-berüchtigten Meuterers Fletcher Christian, am Grab von John Adams. Adams entging dem schaurigen Blutbad bei der Landnahme Pitcairns durch die Meuterer. Im Jahre 1800 war er schließlich der einzige Überlebende Meuterer und wurde zum Patriarchen der schnell anwachsenden Inselgemeinschaft von Frauen und Kindern.

SACRED
JOHN ADAMS

Zorn war dennoch unvermindert. Er war fest entschlossen, Tahiti nicht eher zu verlassen, bis die Deserteure gefunden und bestraft worden seien.

Am 13. Januar machte sich eine Gruppe von Inselbewohnern in ihren Kanus auf den Weg nach Tethuroa, um die Deserteure wieder einzufangen. Doch sollte es neun Tage dauern, ehe Bligh Nachricht darüber erhielt, wo sich die drei Männer aufhielten. Sofort machte er sich, schwerbewaffnet, im Beiboot auf den Weg, bereit für ein Feuergefecht. Schließlich ergaben sich die drei kampflos. Bligh schrieb in sein Tagebuch, sie hätten keine andere Wahl gehabt. Ihre Munition sei naß geworden und die Bewohner der Insel wären ihnen feindselig begegnet. Seinem Bericht wird von anderen widersprochen; danach wurden die Deserteure von den Inselbewohnern gefangengenommen, die sie überredeten, sich zu ergeben ... Mildernde Umstände brachte ihnen dies jedenfalls nicht ein. Bligh befahl, sie erbarmungslos auszupeitschen.

Spannungen

Immer noch dauerte der tropische Sommer an. Die Seeleute wurden der ausschweifenden Vergnügungen allmählich überdrüssig, und es kam, was schlimmer war, zu Spannungen und Gewaltausbrüchen.

Als ein Eingeborener seine Frau mit einem Matrosen überraschte, stach er diesen mit einem Messer in den Bauch. „Glücklicherweise", so schrieb Bligh, „blieben die Eingeweide unverletzt, und die Wunde erwies sich als nicht gefährlich."

Bei einer anderen Gelegenheit schlug ein Inselmädchen, das mit dem Steuermann in einem einigermaßen festen Verhältnis gelebt hatte, ein anderes Mädchen halbtot, weil dieses ihr den Liebhaber abspenstig zu machen drohte.

Eifersucht war ebenfalls im Spiel, als der Matrose Isaac Martin einen Inselbewohner schlug und dafür zu 19 Peitschenhieben verurteilt wurde.

Die ganze Zeit über war die Beziehung zwischen Bligh und Tinah gleich gut geblieben. Es gab bereits Pläne für einen Englandbesuch des Häuptlings mit seiner Familie. Selbst als ein paar Inselbewohner wegen kleinerer Diebstähle an Bord der „Bounty“ geholt und dort ausgepeitscht wurden, minderte dies die Hochachtung des Häuptlings für Bligh in keiner Weise.

Einmal kam es aber doch zu einem Vorfall, bei dem Blighs Jähzorn der Freundschaft der beiden Männer den Garaus zu machen drohte: Jemand entdeckte, daß ein Ankertau der „Bounty“ teilweise durchschnitten worden war. Bligh tobte so fürchterlich, daß die Inselbewohner, die in der Nähe der „Bounty“ lebten, vor Schreck in die Berge flüchteten. Zu ihnen gehörten auch Tinahs Eltern. Als Bligh Monate später seinen Bericht niederschrieb, war die Meuterei schon geschehen, und so deutete er diesen Vorfall aus der Rückschau als erstes Anzeichen für aufrührerisches Verhalten. Er war mittlerweile zu der Überzeugung gelangt, daß dahinter die Absicht gesteckt habe, die „Bounty“ auf das offene Meer hinaustreiben zu lassen.

Allen war klar, daß die Zeit des Nichtstuns und Vergnügens auf Tahiti früher oder später einmal zu Ende gehen mußte. Anfang März 1789 begannen die Vorbereitungen für die endgültige Abreise. Am 27. März waren unter der Aufsicht von Fletcher Christian die letzten der 1015 Brotfruchtbaum-Schößlinge zum Schiff gebracht und in der großen Kajüte verstaut worden. Außerdem wurden noch verschiedene andere Pflanzen mitgenommen.

23 Wochen hatten sie auf Tahiti verbracht. Blighs einziger Kommentar bei der Abreise am 3. April: „Wir verließen Tahiti mit nur zwei Patienten, die geschlechtskrank geworden waren, was zeigt, daß die Krankheit sich nicht hatte ausbreiten können." Ein oder zwei Besatzungsmitglieder hatten sich von der Insel besonders herzlich verabschiedet. Christian war gesehen worden, wie er allein auf der großen Klippe stand, während die Brandung unter ihm ihr heiseres Lied sang.

Schließlich waren alle Mann an Bord, und, wie Morrison später berichtete, „jeder schien in bester Laune" zu sein, als die Anker gelichtet wurden. Das wichtigste Ziel der Reise war erreicht worden. Dies war jetzt die erste Etappe auf dem Weg nach Hause, und, so schrieb Morrison, „alle redeten nur noch von zu Hause". Jetzt wurde Kurs genommen auf die Insel Tofua. „Das Wetter wurde böig", schrieb Bligh, „und dicke schwarze Wolken ballten sich im Osten zusammen."

Während Tahiti in der Ferne immer kleiner wurde und schließlich den Blicken entschwand, schaute Fletcher Christian zu den Wolken empor, die sich in großer, alarmierender Geschwindigkeit über dem nächtlichen Himmel zusammenballten. An England und sein Zuhause dort dachte er dabei wohl kaum.

Drei Generationen einer Pitcairn-Familie. ■ Auf Pitcairn herrscht ein fast altmodisch anmutendes Gemisch aus englischer und polynesischer Kultur vor. Nirgends tritt die polynesische Hälfte des Erbes jedoch so deutlich in den Vordergrund wie im Bereich der Ernährung und Nahrungszubereitung.

Vor dem Sturm

Am 13. Oktober 1789 schrieb Bligh nach seiner mit entsetzlichen Strapazen verbundenen Fahrt in der Barkasse der „Bounty“ von Batavia in einem Brief an Sir Joseph Banks: „Ich kann nur vermuten, daß die Seeräuber von dem Gedanken besessen waren, auf Tahiti ein glücklicheres Leben führen zu können, als dies in England jemals möglich wäre. Zieht man noch ihre weiblichen Bekanntschaften mit in Betracht, so war dies wahrscheinlich der Hauptgrund für die ganze Angelegenheit.“

Am 12. August 1792 wurde vor einem Kriegsgericht ein von Bligh erstelltes Dokument verlesen. Er gab darin an, daß die Meuterer damals, als er auf dem Höhepunkt des Aufstands an den Besanmast gefesselt war, „ihre große Freude zum Ausdruck brachten, bald wieder auf Tahiti zu sein“. Diese Zeugenaussage war am 18. August 1789 auf Kuopang abgefaßt worden.

Ehe Bligh erfuhr, welchen Kurs Christian mit seinen Männern genommen hatte, war es ganz klar seine Absicht, die Meuterei mit dem Sexualtrieb pflichtvergessener Männer zu erklären. Später, als ihm mehr Fakten zur Verfügung standen, änderte er seine Argumentation. Er klagte nun über die mangelhafte Eignung seiner Offiziere und über ihre Unfähigkeit, die Besatzung unter Kontrolle zu halten.

Alle, die Fletcher Christian in Schutz nehmen wollten, haben andererseits immer wieder versucht, die Meuterei auf Blighs ungebührliche Strenge und auf seine Vorliebe für Auspeitschungen zurückzuführen. Aufgrund jüngster Forschungen in der Mitchell-Bibliothek in Sidney ist Glynn Christian allerdings zu der Ansicht gekommen, daß Bligh weder grausam war noch erbarmungslos auspeitschen ließ, ja daß er sogar „viel zu nachsichtig" gewesen sein könnte (ganz sicherlich im Vergleich zu seinem Vorbild Kapitän Cook oder auch zu Fletcher Christian nach der Meuterei).

Schiffahrtshistoriker wie Richard Hough haben versucht, die Meuterei einzig und allein mit einer Folge von Ereignissen zu erklären, die innerhalb von drei Wochen – seit der Abfahrt von Tahiti bis zur Meuterei – zu einer Eskalation der Spannung an Bord der „Bounty" führte. Sicherlich gibt es vieles, was für diese Sicht spricht. Aber ist damit schon die ganze Geschichte erklärt?

Der Ärger geht los

Wenn Fletcher Christian in einer für ihn ganz untypischen gedrückten Stimmung war, als sie von Tahiti lossegelten, so war der Abschied von Isabella – die von seinen Kameraden den Spitznamen „Großmast" erhalten hatte – nicht der einzige Grund dafür.

Monate zuvor war John Adams in Kapstadt Zeuge einer schweren Auseinandersetzung zwischen Bligh und Christian geworden. Vor jenem Streit hatte Bligh seinem Ersten Offizier – den er über den Kopf seines Steuermanns hinweg befördert hatte – mehr Vertrauen entgegengebracht als jedem anderen an Bord. Seit Kapstadt, so behauptete Adams später, habe „jener Streit mehr oder weniger heftig angedauert bis zur Meuterei".

Diese Entzweiung rührte nach Meinung von Glynn Christian daher, daß Fletcher Christian finanzielle Verpflichtungen Bligh gegenüber hatte. Der Nachfahre des berühmten Meuterers fand in der Mitchell-Bibliothek in Sydney unter Blighs Papieren deutliche Hinweise dafür, daß Fletcher Christian von Bligh Geld geborgt hatte.

Zieht man Blighs Rachsucht in Betracht, die von einer ganzen Reihe Zeugen in späteren Kriegsgerichtsprozessen viele Jahre nach dem „Bounty"-Debakel bestätigt wurde, so ist es ihm durchaus zuzutrauen, daß er Christians finanzielle Abhängigkeit von ihm ausnutzte, um ihn zu demütigen. Immerhin war Christian aus Blighs freiem Ermessen heraus angeheuert worden, weil seine Familie bankrott war ...

Bligh gab in seinem Bericht über die Meuterei selbst zu, daß er Christian daran erinnert habe, wieviel er seinem Kapitän schuldig sei. Christian war dies sichtlich peinlich gewesen. „Das – Kapitän Bligh – ist es ja gerade. Das ist die Hölle für mich – das ist einfach die Hölle." Das war Blighs „Abschiedssalut" gewesen, als die Barkasse langsam davonfuhr ...

Unbezahlte Schulden könnten auch die Erklärung für das sein, was John Fryer nach eigenem Bekunden so unverständlich war, als er im Jahr 1792 vor dem Kriegsgericht unter Eid aussagte. Warum hatte Christian so energisch dem Drängen der anderen Meuterer widerstanden, Kapitän Bligh viel grober zu behandeln, als er dies tat?

Schleichender Wahnsinn

Auf Tahiti hatte Bligh damit begonnen, Christian öffentlich bloßzustellen. Erstmals geschah dies nach den Diebstählen. Das zweite Mal war es mit der Beschuldigung verbunden, Christian habe die Flucht der Deserteure stillschweigend geduldet. Dies hatte tiefe Wunden in Christians Ego hinterlassen. Bligh hatte Ausdrücke verwendet, die er ihm nur schwer vergeben konnte. Auch muß ihm der Gedanke durch den Kopf gegangen sein, daß der Kapitän, den das freie Liebesleben der Polynesier so offensichtlich befremdete, ihm sein Verhältnis zu Isabella übelnahm.

Die Situation verschlechterte sich allerdings grenzenlos, als die Männer nach vielen Wochen ungehinderter Freiheit auf Tahiti wieder in den engen Begrenzungen der „Bounty" leben mußten. Während das Schiff seinen Weg durch die Inseln des Südpazifik nahm, begann eine Art schleichenden Wahnsinns sich an Bord breitzumachen.

Bei finsterem, trübem Wetter segelte die „Bounty" Tag für Tag durch Gewitter und tropische Regenfälle. Wenn der Kapitän in Reichweite war, schien die Luft vor Gehässigkeit und wüsten Beschimpfungen förmlich zu knistern.

Purcell und Fryer waren schon früher das Ziel seiner Angriffe gewesen und blieben auch jetzt nicht verschont. In zunehmendem Maße aber war Christian jetzt Blighs Tobsuchtsanfällen, die an Geistesverwirrtheit grenzten, ausgeliefert. Vor dem Streit in Kapstadt hatte eine „besondere Beziehung" zwischen Christian und seinem Kapitän bestanden, die seitdem stetig schlechter geworden war. Jetzt, in der stinkenden Feuchtigkeit eines engen Schiffes, schien Christian der Gegenstand eines brodelnden, schwelenden Zornes zu sein, selbst wenn kein Wort gewechselt wurde. Schließlich gewannen manche den Eindruck, daß der schleichende Wahnsinn, der von Bligh Besitz ergriffen hatte, inzwischen auch auf Christian übergegangen war. Aber irgendwie schienen *alle* Offiziere davon angesteckt zu sein.

Die Tage auf Tahiti schienen immer endlos lang. Sie waren stets ruhig verlaufen und unmerklich ineinander übergegangen. Um so mehr hatte die Mannschaft der

„Bounty“ jetzt Probleme, sich wieder an das rauhe Leben auf einem kleinen Schiff zu gewöhnen. Zudem war jeder verfügbare Platz mit allerhand Pflanzen vollgestopft, und die Decks sahen aus wie Hindernislaufbahnen voller Kokosnußhaufen und Schweinegehege. Das alles waren Geschenke der Insulaner an die verschiedenen Besatzungsmitglieder.

Bligh bezichtigte seine Offiziere der Trägheit, Unfähigkeit und noch schlimmerer Dinge. Tatsächlich mag er damit sein eigenes Verschulden auf andere übertragen haben. Er hatte ja seinen Leuten erlaubt, während der Monate auf Tahiti ausschweifend und undiszipliniert zu leben. Die „Bounty“ benötigte dringend wieder eine starke Hand, aber keine anmaßende Willkür. Eine starke Hand, die mit Bedacht geführt wurde, nicht unbeherrscht, drohend oder theatralisch.

Die Rationen werden gekürzt

Blighs Instinkt sagte ihm, daß er disziplinarische Maßnahmen ergreifen mußte, und so ließ er die Rationen kürzen. Pro Tag gab es jetzt nur noch eine Portion Schweinefleisch und sechs Kochbananen für jeden – und das auf einem Schiff, das unter der Last von all dem frischen Obst und Gemüse, Pökelfleisch und verschiedenen Leckereien, die sie von der Insel mitgebracht hatten, schwer ächzte. Die neuerlich gekürzten Rationen, von denen man kaum leben konnte, und die schiere Unsinnigkeit von alledem ließen Blighs Disziplinarmaßnahmen als verrückt und lächerlich erscheinen.

Bligh führte auch wieder tägliche Sauberkeitskontrollen ein, und da es hier bei den meisten Männern haperte, strich er kurzerhand die tägliche Rumzuteilung für die gesamte Besatzung. John Sumner erhielt zwölf Peitschenhiebe, ohne zu wissen, wofür.

Bligh beschimpfte wiederholt seinen Ersten Offizier vor der gesamten Besatzung wegen angeblicher Fehler. Einmal entgegnete Christian: „Sir, Sie behandeln mich so schlecht, daß mir jede Freude an meinem Dienst vergangen ist." Tag für Tag fuhr Bligh seine Offiziere an und nannte sie „Halunken, verdammte Schurken, Hunde, Höllenhunde, Bestien und infame Lumpen".

Eines Tages entdeckten sie eine neue Insel. Zwei Tage und zwei Nächte hielten sie sich dort auf, während Bligh die Küstenlinie kartographierte. Der Handel mit den Inselbewohnern begann – doch da gab Bligh Befehl, die Anker zu lichten, gerade als sie vereinbart hatten, daß ein paar Frauen an Bord kommen sollten.

Fletcher Christian zog sich immer mehr zurück, eingeschlossen in zorniges Schweigen.

Die Spannung wächst

Eine nervenzerreißende Anspannung hatte sich der gesamten Besatzung bemächtigt. Allgemein herrschte das Empfinden, daß demnächst etwas passieren würde.

Gerade als die Sonne im Westen unterging, tauchte am Horizont die Insel Nokuma auf. Bligh gab Befehl, sie anzusteuern. Er wollte noch einige Kartenzeichnungen zu Ende bringen, die auf seiner Reise mit Cook unerledigt geblieben waren.

Bligh ging mit Geschenken für die Häuptlinge der Insel an Land, erhielt als Gegengabe aber nur einen weiteren Berg Kokosnüsse. Ein historisches Geschenk, wie sich später herausstellen sollte.

Die Stimmung bei den Inselbewohnern war undurchsichtig. Während sie lächelten, hatte ihr Blick etwas Feindseliges. Als der Buganker verlorenging, gab Bligh Christian die Schuld. Ein paar Sekunden lang herrschte eisiges Schweigen, während er dem Kapitän starr in die Augen sah.

Zwei Tage vor der Meuterei, am 26. April, gingen zwei Abteilungen auf Nokuma an Land, eine unter der Führung von Christian, die andere mit Elphinstone an der Spitze. Christian und seine elf Männer hatten Befehl, die beiden Barkassen mit so viel Wasserfässern wie möglich zu füllen. Elphinstone sollte mit seinen vier Männern Holz fällen und an Bord bringen. Bligh wies beide Abteilungen an, Waffen mitzunehmen, sie aber nicht zu benutzen. Die Waffen sollten in den Barkassen zurückgelassen werden.

Dunkle, drohende Wolken hingen am Himmel. Es war ein durch und durch scheußlicher Tag. Der Regen schien kein Ende nehmen zu wollen.

Noch ehe die Barkassen das Ufer erreicht hatten, war dort eine große Menschenmenge versammelt. Es war schwierig, die Stimmung einzuschätzen. Aber in ihrem Benehmen schien etwas deutlich darauf hinzuweisen, daß sie nicht nur aus Neugier gekommen waren.

Als Christian mit seinen Leuten landete, versuchten die Inselbewohner, die leeren Wasserfässer gewaltsam an sich zu nehmen. Hartnäckig und drohend bestanden sie darauf. In dieser Situation entschied Christian, daß es töricht wäre, Blighs Anordnung zu befolgen und die Waffen im Boot zu lassen.

Kaum hatte er seine Männer in Reih und Glied gebracht und jeden mit Fässern und Waffen versehen, als sich auch schon zeigte, wie weise diese Entscheidung war. Jeder konnte jetzt klar erkennen, daß die Inselbewohner in einer kriegerischen Stimmung waren. Schon flogen die ersten Speere und verfehlten nur um Haaresbreite ihr Ziel. Als Antwort darauf ließ Christian aus den Musketen feuern.

Die ganze Expedition, bei der viele Male der Weg zwischen der Frischwasserquelle und den Barkassen zurückgelegt werden mußte, war äußerst gefahrvoll. Ein Teil der Männer wurde angewiesen, die Fässer zu tragen, der andere Teil mußte sie bewachen. Inselbewohner in kriegerischer Aufmachung ließen die Abteilung die ganze Zeit über nicht aus den Augen. Trotz all dieser Schwierigkeiten gelang es Christian, zwei Barkassenladungen mit gefüllten Wasserfässern zur „Bounty“ zu bringen.

Elphinstones Abteilung war weniger erfolgreich. Er mußte melden, daß ihm von den Inselbewohnern die Krummaxt des Böttchers gestohlen worden war.

Bligh war kreidebleich vor Zorn, seine Stimme dröhnte wie Donnergrollen. Vor versammelter Besatzung brüllte er Christian an: „Verdammter feiger Halunke! Hat vor ein paar Eingeborenen Angst, obwohl er Waffen dabei hat, um sich zu verteidigen!“

Christian stand ruhig da und sagte für kurze Zeit nichts. Dann begann er, Bligh geduldig und in Einzelheiten zu erklären, was geschehen war und warum er aus den Musketen hatte feuern lassen. Bligh wollte nichts davon hören und hielt ihm nur drohend seine Faust unter die Nase.

Der Erste Steuermann Fryer war in Christians Abteilung mit dabeigewesen. Er hatte alles selbst miterlebt. Blighs ursprünglicher Befehl, daß die Waffen unbewacht in den Barkassen zurückgelassen werden sollten, war auch ihm unverständlich geblieben. Versuchte Bligh denn mit aller Macht, eine Situation herbeizuführen, in der er Christian demütigen konnte? Fryer war es nicht entgangen, daß die inzwischen fast rituelle Demütigung Fletcher

Christians jetzt schon täglich stattfand. Der Steuermann war selbst um ein Haar auf der Insel totgeschlagen worden. Jetzt tat er sein Bestes, um Christians Aussagen zu unterstützen. Aber Bligh ließ ihn nicht ausreden, wollte von alledem nichts hören und tobte weiter.

Er beschimpfte alle Männer aus Christians Abteilung. Ja, er ging sogar so weit, den Matrosen McKoy am Kragen zu packen und ihm die Pistole an die Schläfe zu drücken – mit der Drohung, ihm eine Kugel durch den Kopf zu jagen.

„Wenn wir erst in die Endeavour-Straße kommen"

Die Reaktion des Kapitäns auf den Diebstahl der Krummaxt bestand darin, daß er vier ältere Häuptlinge, die an Bord der „Bounty" gekommen waren, als Geiseln zurückbehielt. Erst wenn die Krummaxt zurückgegeben sei, werde er die Männer wieder gehen lassen, verkündete er.

Die alten Männer waren verängstigt, hatten sie doch keine Ahnung, was der Fremde von ihnen wollte. Ebenso wenig wußte es die große Menschenmenge, die sich an der Küste versammelt hatte. 36 Stunden vor der Meuterei sah sich Bligh gezwungen, die Häuptlinge ziehenzulassen und einzugestehen, daß er einen Fehlschlag erlitten hatte.

Er war jetzt mit der ganzen Besatzung verfeindet. Wie schon einmal zuvor, drohte er wieder, daß er „die Hälfte der Leute umbringen und die Offiziere über Bord springen lassen würde, ja, daß sie alle noch lernen sollten, Gras zu fressen wie die Kühe", wenn die „Bounty" erst einmal in die Endeavour-Straße käme. In einer ganzen Reihe von vereidigten Aussagen, die Professor Edward Christian später vor dem Kriegsgericht entgegennahm, wurde auch erwähnt, daß die gesamte Besatzung vor dem Tag in Angst und Schrecken lebte, an dem sie die Endeavour-Straße erreichen würden. In einer Aussage wurde bekräftigt, daß der Erste Offizier Christian und Seekadett Stewart ganz besonders fürchteten, der Kapitän würde sie auf irgendeine Weise umbringen, wenn sie erst einmal dort angelangt seien.

Es war eine unruhige Nacht vom 26. auf den 27. April. Donner grollte, und es war unerträglich schwül.

Der Tag zuvor

Am 27. April blieb Bligh bis Mittag in seiner Kajüte, was ganz ungewöhnlich war. Es ist schwierig, über seine innere Verfassung zu diesem Zeitpunkt genauere Aussagen zu machen. Offensichtlich war er dabei, sich in einen Zustand fortgeschrittener Paranoia hineinzusteigern. Fletcher Christian hatte sich ebenfalls zurückgezogen. Er wirkte niedergeschlagen. Seinen Dienst leistete er wie betäubt.

Als der Kapitän schließlich an Deck kam, ging er schnurstracks auf Christian los und brüllte: „Verdammter Dreckskerl, Sie haben meine Kokosnüsse gestohlen!"

Die Situation war einfach lächerlich auf dem Deck eines Schiffes, das vollgestopft war mit Bergen von Kokosnüssen. Aber niemand lachte.

Bligh bezog sich auf einen Haufen Kokosnüsse, den sie am Tag zuvor als Geschenk erhalten hatten.

Fryer versuchte zu vermitteln. Völlig ernst ging er auf den Kapitän ein – er hätte sich gehütet zu lachen – und wies ihn darauf hin, daß der Haufen von einigen Männern in der Nacht zusammengeschoben worden war. Deshalb wirkte es so, als wäre er kleiner geworden. Besatzungsmitglieder wie Morrison, die sich ihren gesunden Menschenverstand bewahrt hatten, blickten auf dem Deck umher, das vor Kokosnüssen und anderen Früchten nur so überquoll, von den Schweinen und Hühnern im Käfig ganz zu schweigen. Es war einfach nicht zu glauben, was Bligh da von sich gab.

Höflich entgegnete Christian dem Kapitän: „Ich war durstig und dachte mir nichts dabei. Ich habe nur eine einzige genommen und sicherlich keine zweite auch nur angerührt."

Wieder hielt Bligh drohend die Faust vor das Gesicht seines Ersten Offiziers und brüllte: „Halunke, Sie lügen. Sie haben die Hälfte des Haufens gestohlen!"

Christian wirkte jetzt sehr verletzt und aufgeregt. Leise erwiderte er: „Warum behandeln Sie mich auf diese Weise, Kapitän Bligh?"

Einer der Männer, die dabei waren, bezeugte später: „Kapitän Bligh fuchtelte daraufhin mit der Hand vor seinem Gesicht herum und sagte: ‚Keine Antwort!'" Er beschimpfte ihn als Dieb und mit allen möglichen Ausdrücken ... Dann rief er alle Mann an Deck und wies „die Matrosen an, auf die Offiziere aufzupassen, und die Offiziere, auf die Matrosen aufzupassen, als ob noch nie zuvor auf der Welt ein schlimmeres Diebsgesindel dem Kommando eines Mannes unterstellt gewesen wäre".

Schreiend beschuldigte Bligh als nächsten Edward Young. Dann knöpfte er sich jeden einzeln vor, bis alle Besatzungsmitglieder verhört worden waren. „Als nächstes werdet ihr wohl meine Jamswurzeln stehlen", keifte er. „Aber dafür werde ich euch schinden, ihr Halunken. In meinem eigenen Interesse werde ich noch eine Weile für euch sorgen, aber ehe wir durch die Endeavour-Straße kommen, werde ich die Hälfte von euch über Bord springen lassen. Zur Hölle mit euch allen!"

Da war sie wieder, diese bösartige Drohung. Alle hatten sie gehört.

Zu seinem Proviantmeister gewandt sagte er: „Keinen Rum mehr für diese elende Bande, Mr. Samuel, und morgen nur noch ein halbes Pfund Jamswurzeln. Wenn weiterhin gestohlen wird, gibt es nur noch ein Viertelpfund." Abrupt drehte er sich um und ging zurück in seine Kajüte.

Eine ganze Zeitlang herrschte Schweigen. Jeder schaute auf den anderen, als erwarte er von ihm eine Antwort. Einigen Offizieren kam der Gedanke – wie dies auch auf späteren Seefahrten unter Blighs Kommando der Fall sein sollte –, daß ihr Kapitän zeitweilig geisteskrank war.

Gegen 4 Uhr am Nachmittag tauchte Bligh wieder auf. Erneut ging er auf Christian los. Diesmal konnte aber niemand mithören, was er zu sagen hatte.

Jedenfalls war Christian in Tränen aufgelöst, als er von Bligh wegging. Purcell, der Zimmermann, erschrak gewaltig. Nie zuvor hatte er Christian in einem derartigen Zustand gesehen. Ungeachtet Blighs jüngster Anschuldigungen fragte er: „Was ist los, Sir?"

Christians Antwort war: „Wie können Sie da noch fragen, wo Sie doch sehen, wie ich behandelt werde!"

Purcell meinte darauf: „Werde ich denn etwa besser behandelt?" – „Sie können sich schützen und es deshalb wagen, ihm zu widersprechen", entgegnete Christian ernst. „Aber wenn ich so mit ihm reden würde wie Sie, würde er mich vermutlich degradieren und womöglich noch am Mast auspeitschen lassen. Das wäre dann aber der Tod für uns beide, denn ich würde ihn gewiß packen und mit ihm über Bord springen."

Diese Bemerkung war äußerst vielsagend. Obwohl Erster Offizier, war Fletcher Christian kein Deckoffizier. Der einzige an Bord, der ein königliches Offizierspatent besaß, war Bligh selbst. Eine königliche Bestallungsurkunde hatte lediglich der inzwischen verstorbene Huggan besessen, außer ihm noch der Erste Steuermann Fryer, Hochbootsmann Cole, Kanonier Peckover und der Zimmermann Purcell. Wie die übrigen Offiziere war Christian im Grunde genommen lediglich ein Unteroffizier mit sehr eingeschränkten Vorrechten. Er wurde den Matrosen zugerechnet und konnte deshalb auch ausgepeitscht werden. Was er Purcell soeben gesagt hatte, hieß mit anderen Worten: Bligh kann mich uneingeschränkt demütigen, wenn er will.

Zieht man in Betracht, daß Christian von Bligh kurz zuvor unter vier Augen eingeschüchtert worden war, so ist diese Bemerkung Christians Purcell gegenüber aller Wahrscheinlichkeit nach ein deutlicher Hinweis darauf, daß Bligh ihm angedroht hatte, ihn wegen des „Diebstahls" einer Kokosnuß auspeitschen zu lassen. In dieser Atmosphäre konnte *alles* passieren ...

Purcell, der ebenfalls von Bligh sehr schlecht behandelt wurde, war wenigstens Deckoffizier mit allen damit verbundenen Privilegien. Christian bereute es jetzt zutiefst, daß er diese Seefahrt unter so schlechten Bedingungen angetreten hatte. Wahrscheinlich war er nun von der größtmöglichen Demütigung bedroht.

Die meisten Offiziere und viele Matrosen waren Zeugen, als er sagte: „Ich würde lieber zehntausendmal sterben als noch länger diese Behandlung ertragen. Ich tue stets meine Pflicht, wie man das von einem anständigen Offizier und Ehrenmann erwarten kann, und werde trotzdem auf diese skandalöse Weise behandelt."

Purcell sollte später bezeugen, daß er Christian nie zuvor hatte weinen sehen. Er versicherte: „Das war kein Schwächling." In Morrisons Bericht über diese Ereignisse heißt es: „Die Offiziere traten nun alle zusammen und murrten heftig über die schlechte Behandlung durch Bligh."

Die nächste Gelegenheit zum Gespräch mit Purcell ergab sich für Christian später am Abend, als die Sonne schon untergegangen war. Er bat um verschiedene Materialien, und Purcell war sicher, daß er sich damit ein Floß bauen wollte, um dieser aussichtslosen Lage zu entkommen. Es gab sogar Gerüchte, daß der Erste Offizier Selbstmord begehen wollte.

Nach allem, was geschehen war, besaß Bligh dennoch die Unverfrorenheit, Christian durch seinen Steward einzuladen, mit ihm gemeinsam zu Abend zu speisen. Höflich ließ Christian sich entschuldigen. Die anderen Offiziere hatten sich bereits abgesprochen, daß keiner von ihnen sich an Christians Stelle einladen lassen würde.

Der Steward erwiderte: „Würde *irgendeiner* von Ihnen gern mit dem Kapitän zu Abend speisen?" Alle lehnten dankend ab. Nur Tom Hayward erhob sich, legte förmlich die Ohren an und sagte in kriecherischer Ergebenheit, daß er gern dazu bereit wäre.

Unter den Buhrufen und dem wütenden Zischen der anderen Seekadetten ging er nach unten.

Es war der Abend des 27. April. Die „Bounty" befand sich gerade 30 Meilen von Tofua entfernt, einer der fälschlich so genannten „Freundschaftsinseln". Die Nacht war schwül und drückend. Noch dachte Christian an Flucht und nicht an Meuterei – noch nicht.

Auf der Suche nach dem Paradies

Gewissensbisse plagten Fletcher Christian und spiegelten sich auf seinem Gesicht wider, als Bligh mit seinen 18 ihm treu ergebenen Männern in der Barkasse davonfuhr. Hatten sie denn in dem knapp acht Meter langen Boot überhaupt eine Chance, die 3600 Meilen zwischen Tofua und Timor zurückzulegen? Er konnte nicht wissen, daß sie sich auf Tofua nochmals mit Proviant eindecken und von da an nur mit einem kleinen Stückchen Brot und einer winzigen Ration Wasser pro Tag erfolgreich ihren Weg durch dieses recht unbekannte Gewässer finden würden.

Vielleicht war Blighs Reise nach Timor die eigentliche Heldentat. Aber sie war nicht das, was seither immer wieder die Gemüter erregte und die Phantasie von Millionen beflügelt hat. –

An Bord der „Bounty" hatte Christian sich nach den wenigen Stunden als entschlossener Anführer der Meuterei wieder in die düstere Verschlossenheit zurückgezogen, die ihn schon während der vergangenen drei Wochen charakterisiert hatte. Es schien, daß er von trüben Gedanken geplagt wurde und nicht weniger litt als zuvor.

Seine Stimmung stand in krassem Gegensatz zu der seiner Kameraden, die über ihre neugefundene – und wie sie meinten, schrankenlose – Freiheit jubelten.

Coleman, Norman, McIntosh und Stewart waren verwirrt und hatten gemischte Gefühle. Sie waren auf der „Bounty" gegen ihren Willen zurückgehalten worden und hatten Angst davor, was die Zukunft bringen würde. Wußten sie doch nur allzu gut, daß Fryers Vorhersage vollkommen zutreffend war. Wo immer sie auch versuchen wollten, sich zu verstecken: Die Königliche Marine würde sie ausfindig machen, vor Gericht stellen und hängen lassen. Würde ein Kriegsgericht am Tag der Abrechnung die Tatsache in Betracht ziehen, daß sie nicht aktiv an der Meuterei beteiligt gewesen waren? Oder würden sie auf die gleiche Weise wie die anderen behandelt werden, weil sie auch mit ihnen aufgefunden worden waren?

Christian war es ebenfalls bewußt, daß Fryers Vorhersage höchstwahrscheinlich eintreffen würde. Er ertappte sich dabei, daß er überlegte, wieviel Zeit ihnen wohl blieb. Waren es Wochen? Oder Monate? War es überhaupt möglich, ein Inselversteck zu finden, das abseits der Schiffahrtswege lag, kaum Einwohner hatte und ohne Hafen war? Konnten sie dort das Schiff versenken und so aus der Geschichte verschwinden?

Er beobachtete die ausgelassen tobende Besatzung, und es schauderte ihn bei dem Gedanken, welche Schande er über seine Familie bringen würde, sollte er mit ihnen gefaßt und in die Heimat zurückgebracht werden.

Bedrückt gab er bekannt, daß er nun, da Bligh weg war, nicht als Kapitän betrachtet werden wollte: „Ich habe kein Recht, euch zu befehligen, und werde in jedem Rang arbeiten, der mir zugewiesen wird."

Die Meuterer waren zutiefst verblüfft.

Jemand machte den Vorschlag, man könne einen Kapitän doch auch *wählen*.

Christian wurde einstimmig gewählt.

Seit Tahiti war es Christian klar, wie sehr eine vernünftige, unparteiische Disziplin nötig war. Dieser lärmende Haufen, der losgelassen worden war und alle Schranken hinter sich gelassen hatte, brauchte eine feste Hand. Er teilte ihnen mit, daß er für diese feste Hand sorgen würde und einige seiner Freunde eine Überraschung erleben sollten.

Und so kam es auch.

In den darauffolgenden Wochen übte Fletcher Christian eine strengere Disziplin aus, als die Besatzung der „Bounty" sie seit ihrer Abreise aus Spithead je erlebt hatte. Aber diese Disziplin war wohlüberlegt, gerecht – und wurde akzeptiert.

Nur eine Sache wirkte etwas eigenartig. Tausende Meilen von zu Hause entfernt (das sie als freie Männer wohl ohnehin nie mehr sehen würden) und nach einer Meuterei entschied Christian, daß alle eine Uniform tragen mußten. Einige Männer erhielten den Auftrag, aus den Reserve-Beisegeln der „Bounty" Uniformen zu schneidern. Und doch erwies sich das Tragen von Uniformen, selbst wenn sie noch so schlecht saßen und leicht komisch aussahen, als positiv für die Arbeitsmoral der Besatzung.

Um mehr Bewegungsfreiheit zu bekommen, wurden viele (aber keineswegs alle) Brotfruchtbaum-Schößlinge aus der großen Kajüte entfernt und über Bord geworfen.

Zurück nach Tahiti

Fletcher Christian überlegte, wie es nun weitergehen sollte. 25 Mann waren jetzt noch an Bord (von ursprünglich 44), davon vier gegen ihren Willen. Und er mußte damit rechnen, daß es noch eine ganze Anzahl gab, die es inzwischen lieber auf einen Prozeß vor dem Kriegsgericht ankommen lassen wollten, als bei dem Plan mitzumachen, den er sich gerade ausdachte. Bei seinen Überlegungen trieb ihn der Gedanke zur Eile an, daß es wohl eher

Wochen waren als Monate, in denen er ein Inselversteck finden mußte.

Die Segel wurden getrimmt, der Kurs geändert – es ging zurück nach Tahiti.

Manches Seemannsherz schlug höher, als der weitläufige, kahle Höhenzug auftauchte, hinter dem die Matawai-Bucht lag.

Zu diesem Zeitpunkt hielt Christian es nicht für klug, seinen Männern die Wahl zu lassen, ob sie auf Tahiti bleiben wollten. Dies war sicherlich der erste Ort, an dem die Königliche Marine nach den Meuterern Ausschau halten würde.

Kaum war der Kutter an Land, als auch schon Jenny, Mary, Sarah und Isabella zur Stelle waren, die sich als rechtmäßige Frauen von Adams, McIntosh, Quintal und Christian betrachteten.

Die vier Frauen wurden an Bord geholt. Außerdem kamen noch 17 Männer und ein junges Mädchen auf das Schiff. Nur durch einen Trick gelang es, in letzter Minute sieben weitere Frauen an Bord zu locken, mit denen sie gegen deren Willen davonsegelten.

Das ganze Unternehmen wurde in großer Eile durchgezogen. Christian fürchtete, daß die Häuptlinge feindselig werden könnten, wenn sie von der Meuterei erfuhren. Auch mußte er annehmen, daß man seinen Erklärungen für die Abwesenheit Blighs keinen Glauben schenkte.

Jetzt begann die intensive Suche nach einem Inselversteck unter den Tausenden von Inseln des Pazifik.

Die erste Wahl fiel auf Tubuai. Von Anfang an sah das Vorhaben nicht gerade vielversprechend aus. Die Inselbewohner waren feindselig. Mit Kartätschen mußte gegen angreifende Kanus vorgegangen werden, ehe die Meuterer überhaupt landen konnten.

Es hatte gleich den Anschein, daß aus ihrem Vorhaben nichts werden würde. Aber der Mut der Verzweiflung ließ Christian und die treu ergebenen Männer weitermachen.

Ein Hügel wurde ausgewählt, auf dem eine Festung errichtet werden sollte. Tief unter ihnen brach sich die grüne See zwischen den Felsbrocken mit dumpfem Getöse, gefolgt vom scharfen Zischen des rückflutenden Wassers. Trotz aller Vorbehalte glaubte Christian, daß dies eine Stellung war, die gehalten werden konnte. Er zeichnete selbst die Pläne, nach denen seine Mannschaft Fort George zu errichten begann.

Aber das Fort wurde nie fertiggestellt. Die Inselbewohner waren zwar durch den Einsatz der Kartätschen eingeschüchtert worden, aber mit der Zeit gab es von ihnen mehr und mehr Zeichen offener Feindseligkeit. Hinzu kamen Spannungen zwischen den Meuterern selbst. Der Frauenmangel war die Hauptursache für Konflikte.

Nur wenige Wochen nach ihrer Meuterei befanden sich die Männer mitten in einer Art Kolonialkrieg. 66 Inselbewohner wurden dabei getötet und zwei Engländer verletzt.

Es war allen klar, daß das Unternehmen Tubuai sich als Fehlschlag erwiesen hatte. Die Entscheidung wurde getroffen, wieder zur „Bounty" zurückzukehren. Zwei Möglichkeiten gingen den Männern jetzt im Kopf herum. Die eine war, nach Tahiti zurückzukehren und dort einem ungewissen Schicksal entgegenzusehen; die andere bestand darin, sich Fletcher Christians Traum von einer Inselfestung irgendwo unter den mehr als tausend Inseln der Südsee anzuschließen, wo die Königliche Marine sie niemals finden würde.

Diese beiden Möglichkeiten wurden zur Wahl gestellt. Die Mehrheit entschied sich für die Rückkehr nach Tahiti. „Meine Herren", sagte Christian, „ich werde Sie hinbringen und an Land setzen, wo immer Sie es wünschen. Ich verlange von keinem, daß er bei mir bleiben soll. Aber um etwas möchte ich doch bitten – daß Sie mir das Schiff überlassen, das Focksegel befestigen und mir ein paar Gallonen Wasser geben, damit ich vor dem Wind hersegeln kann. Ich werde auf der ersten Insel landen, wohin das Schiff mich trägt... Keinesfalls will ich mich dort niederlassen, wo ich gefangengenommen und nach Hause zurückgebracht werden könnte, zur Schande meiner Familie..."

Einige waren der Meinung, daß er übertrieben melodramatisch war. Aber Young, der Stimmführer der acht Mann, die den harten Kern der Meuterer bildeten, rief: „Niemals werden wir Sie verlassen, Käptn Christian!"

Christians Traum

Als sie Tubuai verließen, gingen zwei Inselbewohner mit ihnen.

Die „Bounty" erreichte die Matawai-Bucht vor Tahiti zum dritten und letzten Mal am 22. September 1789.

Ein Spähtrupp ging heimlich an Land. Er fand bald heraus, daß eine Fregatte der Königlichen Marine, die „Mercury", bereits dagewesen war. Die Suche hatte begonnen. Und dennoch: Vor die schicksalhafte Alternative gestellt, entweder Christians Traum zu folgen oder den Folgen der Meuterei ins Auge zu sehen, falls es welche geben würde, entschied sich eine ganze Reihe von Männern für letzteres.

Die ersten unter ihnen waren Stewart, Heywood, Bryn, Coleman, Norman und McIntosh. Sie gaben an, daß sie an der Meuterei nicht beteiligt gewesen waren und deshalb auch nichts zu fürchten hatten. Sie wollten sich, so sagten sie, in Matawai niederlassen, um sich mit dem nächsten britischen Schiff nach Hause bringen zu lassen.

Die Entscheidung von weiteren zehn Männern, auf Tahiti zu bleiben und es zu riskieren, entdeckt zu werden, war schon eher eine Überraschung. Vor allem deshalb, weil diese Gruppe aus Churchill, Sumner, Millward, Muspratt, Morrison , Burkett, Hillbrand, Ellison, Skinner und Matt Thompson bestand.

Nach dem Zwischenspiel auf Tubuai entschieden sich auch die meisten Männer aus Tahiti, wieder auf ihrer Heimatinsel zu bleiben.

Ehe die „Bounty“ zum letztenmal vor Tahiti die Anker lichtete, wurden noch ein paar weitere Frauen an Bord gelockt. Sie waren kaum wieder auf offener See, als sich herausstellte, daß eine beträchtliche Anzahl dieser Damen schon im fortgeschrittenen Alter und recht beleibt war. Auf recht ungalante Weise ließ Christian an der nächsten Insel beidrehen und sie im Kutter an Land bringen.

Christian war sich wohl bewußt, daß der Friede unter den verbleibenden Seeleuten viel von stabilen Beziehungen zwischen den Geschlechtern abhing. Er erstellte deshalb eine Liste im Stil eines Heiratsvermittlers, um, wie er glaubte, Reibereien für die Zukunft so gut wie möglich zu vermeiden. Heikle Verhandlungen mußten geführt werden, ehe die Liste vollständig war. So mußte Adams beispielsweise dazu überredet werden, seine Jenny Isaac Martin abzutreten und eine neue Frau zu akzeptieren. Schließlich war die Liste komplett und sah so aus:

Meuterer:	*Frauen:*
Christian	Isabella
Young	Susan
Williams	Pashotu
Quintal	Sarah
Adams	Paurai
McKoy	Mary
Martin	Jenny
Mills	Vahineatua
Brown	Teatuahitea
Tahitianer:	
Talaloo	Nancy
Timoa, Nehou, Manalee }	Mareva
Tubuaianer:	
Oha, Tetaheite }	Tinafanea

Nachdem diese leicht anrüchigen (aber wesentlichen) Details erledigt waren, konnte Christian sich voll auf seine Karten und Instrumente konzentrieren. Ein Gedanke scheint ihm dabei allerdings nicht gekommen zu sein: Indem er die Tahitianer und Tubuaianer als Menschen zweiter Klasse behandelte, hatte er eine Situation geschaffen, die eines Tages in einem gewaltigen Blutbad enden sollte, das seinen Traum nahezu wegschwemmen würde.

Die Segel wurden auf höchste Geschwindigkeit gesetzt. Der Himmel war grau verhangen. Nur am westlichen Horizont war ein dünner blauer Streifen zu sehen. Dorthin nahmen sie Kurs auf.

Für die „Bounty" begann nun eine monatelange ruhelose Reise im Bereich der Pazifischen Inseln. Mehrmals landeten sie, wurden von den Eingeborenen feindselig empfangen und mußten immer wieder die Hoffnung auf eine neue Heimat aufgeben.

Als die sanfte, kurze Mittsommerdämmerung der südlichen Hemisphäre am Weihnachtstag 1789 hereinbrach, war die Stimmung allgemein auf dem Nullpunkt. Christians Traum von einem versteckten Paradies, möglichst unbesiedelt und ohne Hafen, erschien einfach töricht.

Seit der Meuterei bewohnte Christian Blighs Kajüte. Hier konnte man ihn beobachten, wie er fleißig Karten studierte, die Entfernungen zwischen den einzelnen Inseln vermaß und die Papiere durchstöberte, die Bligh hatte zurücklassen müssen.

Dabei blätterte er eines Tages auch gelangweilt ein Exemplar von Hawkesworths *Reisen* durch, das 1773 erschienen war. Lustlos überflog er wieder einmal die Beschreibung in Band I über die Reise von Cartaret. Als er auf Seite 561 angekommen war, begann sein Herz plötzlich schneller zu schlagen. Ja, ihm brach vor Aufregung der Schweiß aus, als er las: „Wir setzten unseren Kurs nach Westen fort bis zum Abend des 2. Juli 1767, als wir nördlich von uns Land auftauchen sahen. Am nächsten Tag steuerten wir darauf zu. Das Eiland sah aus wie ein riesiger Felsen, der sich aus dem Meer erhebt. Sein Umkreis maß nicht mehr als fünf Meilen, und es erschien unbewohnt. Jedoch war es mit Bäumen bewachsen... und da es von einem jungen Herrn, dem Sohn des Majors Pitcairn entdeckt worden war..., nannten wir die Insel Pitcairn."

Dieser Hinweis in Hawkesworths *Reisen* genügte, um Christians Niedergeschlagenheit mit einem Schlag zu vertreiben. Die Insel, die nach dem jungen Pitcairn benannt worden war, bot alles, wovon Christian träumte. Sie war abgelegen. Sie war, zumindest den Beobachtungen Cartarets zufolge, unbesiedelt. Ja, mehr noch: Cartaret hatte gesehen, wie die Brandung mit solcher Wucht gegen die Insel schlug, daß er dort nicht landen konnte. Ganz sicherlich war dies ein Hinweis darauf, daß es sich um eine Insel ohne Hafen handelte. Und als solche war sie der letzte Platz, an dem die Königliche Marine nach ihnen suchen würde. Und selbst wenn dies geschah, würde eine problemlose Landung unmöglich sein.

Christian ließ alle Mann an Deck antreten. Dann berichtete er, was er soeben gelesen hatte. Die Reaktion seiner Gefährten war enttäuschend. Niemand sagte etwas, aber man konnte deutlich spüren, wie jeder dachte: Das kennen wir doch schon alles. Andererseits entging es keinem, welche Veränderung in ihrem Kapitän vorgegangen war.

Sein Optimismus erwies sich als ansteckend. In den endlos scheinenden Tagen auf der Suche nach ihrem Inselparadies gewann schließlich jeder an Bord den Eindruck, daß das ganze Unternehmen von der Existenz und Eignung der Insel abhing, die der junge Pitcairn gesichtet und Cartaret beschrieben hatte.

Am 15. Januar 1790 – neun Monate nach der Meuterei – hieß es schließlich: „Land in Sicht!"

Seit Tahiti waren sie 1400 Meilen gesegelt, um ein Inselversteck zu finden. Als die schemenhaften Umrisse Pitcairns in der blauen Ferne sichtbar wurden, mischten sich wohl auch Befürchtungen in die freudige Erregung. Glynn Christian, ein Nachkomme des Meuterers, beschrieb lange Zeit später die Insel nach seinem ersten Eindruck als „einen grünen Felsbrocken, 3,5 Kilometer lang und 1,5 Kilometer breit, wie ein Stück zerknülltes Seidenpapier in der Unendlichkeit".

Falls dies auch der erste Eindruck der Meuterer damals war, so sollte er nicht lange anhalten.

Am 18. Januar fuhren Brown (der Botaniker), Williams, McKoy und Christian zusammen mit dreien der Tahitianer um das herum, was später „Bountybucht" heißen sollte. Die ganze Bucht erwies sich wegen kaum sichtbarer Felsen auf ihrem Grund als äußerst tückisch. Es war nahezu unmöglich zu vermeiden, daß der Kutter durch das Gestein schwer beschädigt wurde. Schließlich wurden sie von einer riesigen Woge erfaßt und mitsamt dem demolierten Kutter an eine Engstelle am Ufer geschleudert, die von einer 200 Meter hohen Klippe gesäumt war und heute Ship Land Point (Schiffsanlegestelle) heißt.

Am 23. Januar 1790 ging die gesamte Besatzung – Männer und Frauen – auf dieser Insel an Land, die nicht mehr als fünf Meilen Umfang hatte. Allen war bewußt, daß dies ihre letzte Zuflucht in einer feindseligen Welt war. Hier war jetzt ihr Zuhause.

Nach und nach wurde die gesamte Ladung der „Bounty" – einschließlich der Schweine, Ziegen und Hühner – im Kutter über die tückischen Felsen in der Bucht und durch die gewaltige Brandung sicher an Land gebracht. Die „Bounty" selbst wurde so nah wie möglich ans Ufer gesteuert.

Mit einem Eifer, der sich in den langen, frustrierenden, scheinbar sinn- und ziellosen Monaten auf See angestaut hatte, begann ein neuentstandenes „Inselgeschlecht" von seinem „Gelobten Land" Besitz zu ergreifen.

Paradies Pitcairn

Auf dem Stückchen ebenen Landes oberhalb der großen Klippe stand ein dichter Streifen indischer Feigenbäume. Dahinter sollte nach allgemeinem Beschluß die Siedlung errichtet werden. Die dicht stehenden Bäume gewährten zur See hin einen vollkommenen Sichtschutz. Selbst wenn sich also ein Schiff der Königlichen Marine in diesen unbekannten Bereich der Südsee wagen und an der Insel vorbeikommen sollte, würde der verantwortliche Kapitän sicherlich wie Cartaret die Schlußfolgerung ziehen, daß sie unbewohnt war – und unbewohnbar.

Die erste Zeit auf Pitcairn war hart. Der Januar war bei weitem der heißeste Monat des südlichen Sommers. In den endlos lang erscheinenden Stunden zwischen Sonnenaufgang und -untergang mußten alle kräftig zupakken. Da wurde gelaufen und geschleppt, der Kutter beladen und wieder entladen, um auch den Rest der Ladung aus der „Bounty" über die Brandung der Bountybucht ans enge Ufer zu bringen. Bei jeder Fahrt zur „Bounty" und wieder zurück schien es, als ob die Männer im Kutter ihr Leben aufs Spiel setzten.

Als schließlich alles an Land gebracht war, wurde die „Bounty" absichtlich an den Felsen der Bucht auf Grund gesetzt und damit zerstört.

Hinter den Feigenbäumen aber entstand aus einfachen Holzhütten eine Siedlung, die heute Adamstown heißt.

Fast zwei Jahrhunderte nach seinem Vorfahren Fletcher begab sich Glynn Christian an Bord eines extra dafür gecharterten Schoners auf die Reise von Tahiti nach

Pitcairn. Sein erster Eindruck von der Insel aus der Ferne sollte sich bald ändern: „Als wir an Pitcairns Küste entlangsegelten, war ich erstaunt, wie groß die Insel aussah, und ich fragte mich, warum noch nie jemand die ockerrote Erde beschrieben hatte, die in riesigen Erdspalten sichtbar wurde. Die Klippen sahen einschüchternd aus, imposant, einfach atemberaubend. Selbst an diesem relativ ruhigen Morgen spritzte die Gischt gewaltig hoch, wenn die Brandungswellen, die Tausende von Meilen ungehindert anrollen konnten, gegen diesen einsamen Felsen prallten."

In I. M. Balls klassischer Beschreibung der Insel, *Pitcairn: Children of the Bounty* (Pitcairn: Kinder der Bounty), heißt es: „Sie war ganz sicherlich der nachträgliche Einfall eines Vulkans. Die Insel erhebt sich wie ein grünbrauner Eisberg aus der blauen Unendlichkeit des Südpazifiks, zwei Breitengrade unter dem Wendekreis des Steinbocks und 1350 Meilen südöstlich von Tahiti. Sie ist ständig von einer Kette weißen, schäumenden Wassers umgeben und hat diese ‚Halskrause' zerberstender Brandung sicherlich seit Beginn unserer Erdgeschichte getragen. Sie wurde vom Meeresgrund in jene Gegend getragen, wo dem unendlichsten aller Ozeane die Inseln ausgehen. Pitcairn gilt zwar als zur Südsee gehörig, aber nur noch gerade eben. Zwischen ihr und der Einöde der Antarktis liegt auch kaum nur noch das kleinste Stückchen verbrieften Landes. Sie gehört zu den abgelegensten bewohnten Inseln dieser Erde, ja, vielleicht ist sie tatsächlich die abgelegenste überhaupt."

Natürlich ist heute nichts mehr von dem zu sehen, was unter Fletcher Christians Anleitung damals in der drükkenden Hitze der ersten drei Monate des Jahres 1790 erbaut wurde. Glynn Christian beschreibt die heutige Siedlung so: „Adamstown wirkt auf den Besucher wie ein einziges Puzzle von Gärten, halbversteckten Häuschen scheckigen Wänden, Böschungen aus roter Erde und dem empörten Gackern aufgescheuchten Federviehs; es erstreckt sich ungefähr über eine halbe Meile entlang der nordöstlichen Klippe oberhalb der Bountybucht im Westen."

Im Zentrum von Adamstown befindet sich laut Glynn Christian ein kleiner gepflasterter Platz, der auf drei Seiten von öffentlichen Gebäuden eingerahmt wird. Kirche, Poliklinik, Bücherei, Post und Gericht (das in der Praxis als eine Art Bürgerhaus und Kino dient) stehen hier. Bei einem Entdeckungsausflug über die Insel fand Glynn Christian, wie seine Vorfahren wohl auch, die prächtigen „Palmendiebe", eine Krabbenart, und mehr als zwölf Zentimeter große Spinnen... Bei einem Flug über Pitcairn sah Glynn, wie Fletcher 200 Jahre zuvor sicherlich ebenfalls, die blendendweißen, zauberhaften Seeschwalben, und er schrieb: „Durch das dichte Blattwerk wird sogar das unablässige Brandungstosen schnell und wirkungsvoll gedämpft."

In diesem kleinen Paradies sanfter, natürlicher, subtropischer Schönheit machten sich Christian, Young, Quintal, Adams und die anderen also daran, eine Siedlung aus Holzhütten zu errichten, die von länglichen Bauerngärten im englischen Stil umgeben war. Es zeigte sich schnell, daß die Landmenge, die für Ackerbau genutzt werden konnte, eng begrenzt war, obwohl die Insel eine Gesamtfläche von 44000 Ar hatte. Selbst heute können nur acht Prozent der Landfläche für den Obst- und Gemüseanbau genutzt werden. 27 Prozent der Insel bestehen aus Klippen. Felsige Böschungen erheben sich steil aus der Brandung. Dies ist das Reich der Seevögel, die dort vom frühen Morgen bis in die späte Nacht hinein ihre Kreise ziehen.

Die ursprünglichen Holzhütten wurden zwischen Hibiskus, Jasmin und Palmen errichtet. Eine idyllische Umgebung für ein Blutbad...

Aus der Traum?

Es war eine warme Nacht, in der der Wind den Mond rückwärts durch die wilden, bleichen Wolken zu treiben schien. Der Sommer auf Pitcairn neigte sich seinem Ende entgegen.

Fletcher Christian ging zwischen den Blockhütten der Siedlung, die seine acht Meuterer in so kurzer Zeit errichtet hatten, spazieren. An seiner Seite schritt die hochgewachsene Isabella, die fast so groß war wie er. Beide waren stolz auf das, was sie sahen. Es herrschte eine gewisse Ordnung, die Christian an England erinnerte. Und doch...

Jeder Tag schien seine eigenen Spannungen mit sich zu bringen. Christian wußte nur zu gut, daß es ihm nie gelingen würde, seine acht aufsässigen Meuterer in diesem subtropischen Paradies unter Kontrolle zu halten.

Da war Edward Young. Klein von Gestalt und mit finsterer Miene, ähnelte er im Wesen stark seiner Frau Susan, einer gewitzten, eigenwilligen Tahitianerin. Young war der gebildetste vom harten Kern der Meuterer und erwarb sich rasch die Hochachtung aller Frauen.

Dann war da John Williams mit seiner Pashotu. Er hatte zu den Matrosen auf der „Bounty" gehört. Daß er zur Gewalttätigkeit neigte, davon zeugte eine Narbe auf seinem Hinterkopf, die durch den schwarzen Haarschopf kaum verdeckt wurde. Einmal an Land, hatte er sich als kooperativ erwiesen. Doch irgendwie war er leicht reizbar und neigte zu schnellem Aufbrausen, wenn es um seine eigenen Interessen ging.

Dann gab es noch Matthew Quintal, den jüngsten und muntersten der Meuterer, die mit nach Pitcairn gekommen waren. Sein athletisch gebauter Körper war über und über tätowiert. Es hatte den Anschein, daß er durch die ungewohnte häusliche Atmosphäre wenigstens für einige Zeit milder geworden war. Aber immer noch zeigte er gelegentlich die Temperamentsausbrüche, die ihn berühmt-berüchtigt gemacht hatten. Die Holzwände seines Häuschens waren zu dünn, um seine lautstarken Auseinandersetzungen mit Sarah vor der Umwelt zu verbergen. Würde seine Neigung, die Beherrschung zu verlieren, immer auf seine eigenen vier Wände beschränkt bleiben?

John Adams alias Alexander Smith blieb zunächst eine geheimnisvolle Figur. Aber niemand stellte Fragen, und er selbst legte auch keinen Wert darauf zu erzählen, warum er es für nötig gehalten hatte, sich auf der „Bounty" unter einem falschen Namen einzutragen. Welche üblen Verbrechen hatte er in seiner dunklen, unbekannten Vergangenheit wohl begangen? Wovor war er davongelaufen? Seine neue Frau Paurai schien keine Notiz davon zu nehmen, daß sein Gesicht durch Pockennarben entstellt war, und zeigte sich stolz auf seinen gutgebauten, über und über tätowierten Körper. Sie selbst litt an einer Erkrankung der Atemwege. Doch nie hörte man von ihr ein Wort der Klage.

William McKoy hatte bei einer Brauerei gearbeitet, ehe er als Matrose auf der „Bounty" anheuerte. Er war blond und hatte eine helle Haut. Wenn er, wie das seine Art war, mit bloßem Oberkörper herumlief, konnte jeder die bleiche Narbe über seinem Bauch sehen, die er sich bei irgendeiner Schlägerei vor den Tagen auf der „Bounty" zugezogen hatte. Am Hals trug er eine weitere Narbe. Seine Frau Mary hatte, kurz bevor er sie von Tahiti holte, ein Mädchen zur Welt gebracht. Weil sie nicht wußten, wie sie das Baby von der „Bounty" an Land bringen sollten, hatten sie schließlich ein Faß auf einer Seite geöffnet, das Kind hineingelegt und es so an Land schwimmen lassen. Vor allem wegen Mary und ihres Kindes hoffte Christian, daß McKoy im Alltag nicht gewalttätig war.

Isaac Martin, der hochgewachsene dreißigjährige Amerikaner, war von kräftiger Statur und hatte, als die Frauen „verteilt" wurden, mit Erfolg darauf bestanden, daß ihm John Adams Frau zugeteilt wurde. Niemand hatte dabei nach Jennys Gefühlen gefragt. Tatsächlich, so mag es Christian durch den Kopf gegangen sein, hatte zu keinem Zeitpunkt auch nur *einer* auf die Wünsche dieser eigenwilligen polynesischen Schönheiten Rücksicht genommen. Würden *sie* es am Ende sein, die sich, einmal vom Zauber des Neuen ernüchtert, schwer unter Kontrolle halten ließen?

Von den acht Meuterern auf Pitcairn war John Mills der älteste. Er war 40 gewesen, als er sich zwei Jahre zuvor auf der „Bounty" eingeschrieben hatte. Ohne Murren hatte er die Tahitianerin akzeptiert, die man ihm zugeteilt hatte; aber er sprach überhaupt wenig. Jeder wußte, daß der Konstablermaat seine verborgenen Tiefen hatte.

Und schließlich gab es da noch William Brown, den Botaniker. Wäre nicht die häßliche Narbe quer über seinem Gesicht gewesen, hätte man annehmen können, daß dieses schwächliche Fliegengewicht bestimmt niemandem etwas zuleide tun konnte.

Fletcher Christian und Isabella hatten den Rand des Lagers erreicht, wo die sechs Polynesier – vier Tahitianer und zwei Tubuaianer – ihre behelfsmäßigen Unterkünfte errichtet hatten. Hier mußte wohl mehr als anderswo damit gerechnet werden, daß einmal Schwierigkeiten auftauchen würden. Außerhalb des Lagers hatten die Engländer das knappe Ackerland in mehr oder weniger gleich große Grundstücke aufgeteilt. Unter sich, muß man dazusagen; den Polynesiern hatten sie nichts übriggelassen. Und die sechs Männer mußten sich drei Frauen teilen ... Sie waren äußerst verbittert darüber, daß die Engländer sie behandelten, als hätten sie ein Recht auf ihre Arbeitskraft. Ihre Frauen brachten nur Verachtung für sie auf und waren ihnen zutiefst entfremdet. Doch Pitcairn hatte Brotfrüchte, Jams und Bananen im Überfluß. Und die Männer bestellten ihre Felder mit großem Eifer, wobei sie auch die Pflanzen mit anbauten, die bis zuletzt an Bord der „Bounty“ verblieben waren.

Aber weshalb war gerade diese Insel unter all den anderen im Pazifik nicht bewohnt? Christian hatte seltsame Felszeichnungen entdeckt, die in Höhlenwände eingeritzt worden waren. Außerdem hatte er die Überreste eines alten Tempels gefunden, in dem ein sonnengebleichter Totenschädel auf dem Hauptaltar gelegen hatte. Wenn sie auch jetzt unbewohnt gewesen war, so wurde doch klar, daß die Insel lange vor Kapitän Philip Cartarets Eintragung in seinem Logbuch Menschen beherbergt hatte. Was war die Ursache dafür, daß jene Menschen ausgestorben oder ausgewandert waren?

Fletcher und Isabella hatten Ship Land Point erreicht, das jenseits des Feigenbaumgürtels lag. Sie sahen den wütenden Wogen zu, die mit unglaublicher Gewalt gegen die Klippen schlugen und dabei das Ufer überschwemmten, wo sie an Land gegangen waren. Was für eine Zukunft stand wohl dieser winzigen Kolonie aus einer wild zusammengewürfelten Gruppe von Menschen bevor, die sich aus der Geschichte davongemacht hatte? Da sahen sie plötzlich links von der Bountybucht durch die Gischt hindurch einen Feuerschein. Bald war ein Großteil der Bucht von Flammen erhellt, die gegen den nächtlichen Himmel loderten. Die „Bounty" brannte lichterloh.

Es wird geboren und gestorben

Bei Morgengrauen war die „Bounty" bis zur Wasserlinie abgebrannt. Nicht mehr als zwei weitere Tage mit heftigem Sturm dauerte es, und die letzte Verbindung der Meuterer zur Außenwelt war verschwunden, als hätte sie nie existiert.

Einige behaupteten, Fletcher Christian habe selbst Anweisung gegeben, das Schiff in Brand zu stecken, um auch diese letzte Gefahr, entdeckt zu werden, auszuschließen. Andere wollten gesehen haben, wie Quintal betrunken auf der „Bounty" herumwankte und nach bestimmtem Material suchte, um sein Holzhaus fertigzustellen. Es hieß, er habe dabei versehentlich eine Laterne umgeworfen.

Fest steht auf jeden Fall, daß nicht alle Meuterer über den Verlust der „Bounty" glücklich waren. John Mills war untröstlich. Er hatte immer noch die Hoffnung gehegt, eines Tages nach England zurückkehren zu können. Seine Tochter, die 93 Jahre alt wurde, erzählte oft davon, wie sehr ihr Vater beim Anblick der zerstörten „Bounty", die doch so ein gutes Schiff gewesen war, geweint hatte.

In den darauffolgenden Monaten wurde aus dem Groll der Polynesier auf die Engländer blanker Haß. Als Kinder geboren wurden, nahmen sie an den damit verbundenen Festen nicht teil.

Das erste Baby, das auf Pitcairn zur Welt kam, war Thursday October Christian, der Sohn von Fletcher und Isabella. Bald hatten die beiden drei Kinder. John Mills wurde zweimal Vater, William McKoy dreimal. Matthew Quintal und seine Frau hatten schließlich fünf Söhne und Töchter; bei Edward Young wurden es sechs und bei John Adams vier.

Doch die Atmosphäre, in der diese englisch-polynesischen Mischlingskinder aufwachsen sollten, war geprägt von Intrigen und bald auch von Mord.

Christian hatte seinerzeit das fruchtbare Land in neun etwa gleich große Grundstücke aufgeteilt. Neun weiße Männer lebten auf der Insel, und jeder bekam seinen Anteil. Die sechs Polynesier waren leer ausgegangen. Vielleicht war es der Mangel an Land, der Christian diese fatale Fehlentscheidung treffen ließ. Vielleicht nahm er auch einfach an, daß die Polynesier sich mit ihrer Rolle als unbezahlte Arbeitskräfte zufriedengeben würden. Schließlich sollte dies aber zusammen mit der Tatsache, daß die sechs Polynesier sich drei Frauen teilen mußten, der Auslöser für ein Blutbad werden, das aus dem kleinen Paradies eine Hölle machte.

Doch wer weiß – hätten da nicht zwei seiner Meuterer eine unüberlegte Tat begangen, wäre der Friede in Christians Traumland vielleicht doch wenigstens noch für einige Zeit erhalten geblieben.

In den beiden ersten Jahren auf der Insel gab es viele Geburten – und zwei Tote. Pashotu, die Frau von John Williams, stürzte zu Tode, als sie auf einer steilen Klippe Vogeleier sammelte. Paurai, die Frau von John Adams, starb an der Krankheit, die sie schon von Tahiti mitgebracht hatte.

Williams wurde als erster mürrisch und verstimmt. Er neidete den anderen Männern ihr häusliches Glück und warf begehrliche Blicke auf die drei Frauen, die bei den Polynesiern lebten.

Schließlich meldete er lautstark seine Forderungen an. Er wollte wieder eine Frau haben. Er ging so weit, damit zu drohen, daß er im Kutter der „Bounty" eine andere Insel ansteuern wollte, um sich eine Frau zu suchen. Wenn man in Betracht zog, wie abgelegen Pitcairn war, konnte das eigentlich nicht mehr als ein Sandkastenspiel sein. Und andererseits wußte Williams nur zu gut, daß seine Kameraden es sich nicht leisten konnten, auf ihn zu verzichten. Seine Fertigkeiten als Schmied waren von unersetzlichem Wert für sie.

Mit oder ohne Einverständnis seiner Kameraden zwang Williams Nancy, Talaloo zu verlassen und mit ihm zu leben. Adams brachte später Tinafanea dazu, daß sie die beiden Tubuaianer verließ und bei ihm einzog.

Ohne Land, ausgebeutet und ohne daß sie noch viel zu verlieren hatten, sannen die Polynesier auf Rache.

Der genaueste Bericht über die blutigen Ereignisse der Jahre nach 1792 findet sich in einem Buch, das 1831 unter dem Titel *Narrative of a Voyage to the Pacific and the Bering Strait* (Bericht von einer Reise in den Pazifik und zur Beringstraße) erschien. Der Autor war Kapitän F. W. Beechey, der im Jahre 1825 mit der H. M. S. „Blossom" Pitcairn angelaufen war. Er hatte das fragmentarische Pitcairn-Tagebuch von Edward Young gelesen und auch ausführlich mit John Adams gesprochen, der zu jener Zeit als Patriarch von Pitcairn allgemeine Verehrung genoß. Aus diesen beiden Quellen stellte Beechey einen umfassenden Bericht über die Massaker zusammen.

Mord im Paradies

Das Blutvergießen begann, als Nancy bei Williams einzog. Ihr Ehemann Talaloo, bisher der einzige unter den Polynesiern, der seine Frau mit niemandem hatte teilen müssen, schmiedete einen Mordplan. Die anderen fünf rechneten fest damit, daß John Adams ihnen demnächst eine der beiden Frauen wegnehmen würde, die noch bei ihnen lebten, und so zogen sie sich mit Talaloo in ein schwer zugängliches Gebiet der Insel zurück.

An einem ruhigen Tag mit verhangenem Himmel, der keinen Sonnenstrahl durchließ, beschlossen sie, die Meuterer zu ermorden.

Die Polynesierinnen waren schlauer als ihre weißhäutigen Ehemänner und wußten, was die Stunde geschlagen hatte. Nancy vor allem fürchtete um ihr Leben. Zwei oder drei von den anderen konnten sich nicht so recht entschließen, zu wem sie halten sollten. Mindestens vier Tahitianerinnen fühlten sich aber zu diesem Zeitpunkt mit ihren Männern so verbunden, daß sie beschlossen, sie zu warnen.

In Hörweite von Fletcher Christian, der im Garten arbeitete, begannen sie, sich in einem eigenartigen Singsang zu unterhalten.

„Warum schärft der schwarze Mann seine Axt?" fragte eine.

„Weil er den weißen Mann töten will", erwiderte die andere.

Fletcher Christian hielt in seiner Arbeit inne. Isabella hatte ihn Respekt gelehrt vor der scharfsinnigen Intelligenz der Tahitianer. Sie hatte ihm Verständnis vermittelt für ihr Denken und ihre Verhaltensweisen. Sie waren durchaus in der Lage, jeden Engländer zu überlisten – und ihn im Kampf zu überwältigen, wenn sie mit dem Überraschungsmoment arbeiten konnten.

Christian überlegte, was dieser inszenierte Dialog, der eindeutig für seine Ohren bestimmt war, zu bedeuten hatte. Er stellte keine weiteren Fragen, sondern holte seine Flinte aus der Hütte und lud sie mit Pulver. Er hatte keineswegs die Absicht, einen Mord zu begehen. Es ist sogar wahrscheinlich, daß er innerlich auf Talaloos Seite stand. Aber eine Verschwörung war im Gange. Ihre Verwirklichung mußte vereitelt werden. Wenn ein Blutbad verhindert werden sollte, mußte er jetzt selbst handeln. Hilfe von Quintal, McKoy und Konsorten zu erbitten, würde nur bedeuten, ein blutiges Ende herauszufordern.

Allein begab er sich auf die Suche nach den gekränkten Polynesiern. Nicht weit von der Siedlung entfernt stöberte er den Tubuaianer Oha auf. Er war allein. Mit versteinertem Gesicht nahm Christian ihn wegen der Verschwörung in die Zange. Was ging da vor sich? Wo waren die anderen?

Ein schuldbewußtes Erschrecken überflog Ohas Gesicht. Er starrte Christian finster an. Dann drehte er sich auf dem Absatz um und begann zu den Bäumen zu laufen.

Um ihn einzuschüchtern und zum Stehenbleiben zu zwingen, feuerte Christian seine Flinte ab.

Ohne zu merken, daß die Flinte absichtlich nur mit Pulver geladen war, glaubte Oha, daß Christian versucht hatte, ihn zu töten. Er lief um sein Leben zwischen den Bäumen hindurch, sprang über das Unterholz, gehetzt wie ein wildes Tier, das von einer Meute gejagt wird.

Bounty Bay – hier gingen die Meuterer mit ihren Frauen vor Anker. Auf diesen Felsen zogen sich Fletcher Christian und später John Adam vor schwerwiegenden Entscheidungen in die Einsamkeit zurück

Er stieß auf Talaloo, den gekränkten Ehemann. Die beiden Männer liefen zusammen den hitzeflimmernden Pfad durch Bäume und Felsen entlang bis zur anderen Seite der Insel. In der feuchten Hitze spendeten ihnen vereinzelte Baumgruppen für kurze Zeit etwas Schatten, ehe sie wieder in die Sonnenglut hinausliefen. Die Verschwörung war entdeckt worden. Sie hatten keine Schußwaffen. Sie hatten nicht geplant, wie es weitergehen sollte. Da gerieten sie in Panik.

Die Nachricht verbreitete sich schnell unter den Polynesiern. Ihre Verschwörung war entdeckt worden. Welche Möglichkeiten hatten sie noch?

Völlig unlogisch richtete sich ihre Wut nun gegen Oha und Talaloo.

In der schwülen Hitze des Abends schlichen sie in ihr Lager zurück. Christian war immer noch auf der Südseite der Insel auf der Suche nach ihnen und deshalb nicht in seiner Hütte. Die vier anderen Polynesier wollten sich gerade bei den Engländern einschmeicheln. Sie wußten, daß die Männer besonders jähzornig und gewalttätig waren. Aber sie trafen nur auf versteinerte Gesichter und eisige Blicke. Aus Angst und um ihre eigene Haut zu retten, versprachen sie, Oha und Talaloo zu ermorden.

Wieder machten sie sich in Richtung Süden auf, wo Christian sie suchte. Sie stießen zuerst auf Oha und ermordeten ihn kaltblütig. Talaloo konnten sie nicht finden.

Er schlich sich nach Einbruch der Dunkelheit unbemerkt ins Lager zurück. Das heißt, eine hatte ihn doch gesehen, und das war Nancy, die selbst um ihr Leben fürchtete.

Sie ging in seine Hütte und sprach voller Verachtung von Williams, ihrem neuen „Ehemann“. Unter Tränen flehte die vollendete „Schauspielerin“ darum, wieder zu ihm zurückkehren zu dürfen. Talaloo ließ sich überlisten. Er vertraute ihr so völlig, daß er ihr erlaubte, für ihn ein Essen zuzubereiten.

Nancy hatte alles exakt geplant. Sie hatte sogar das Gift vorbereitet. Sorgfältig rührte sie es in die eintopfartige Mahlzeit für Talaloo. Er starb unter Krämpfen innerhalb einer Stunde.

An einem Tag waren zwei Morde geschehen.

Christians Höhle

Die folgenden Wochen waren von einem allgemeinen Versteckspiel geprägt. Keiner traute mehr dem anderen. Doch die Polynesier kehrten schließlich zur Siedlung zurück, und alles schien wie gewohnt weiterzugehen. In ihrem Innern aber brodelte eine Wut, die nicht weichen wollte.

Jeder Tag, an dem sie Nancy zusammen mit Williams sahen, erinnerte sie daran, daß John Adams immer noch ohne Gefährtin war. Wann würde er sich eine holen?

In jenen Monaten des mühsam gewahrten Friedens verbrachte Fletcher Christian viel Zeit außerhalb der Siedlung. Adams erinnerte sich später, wie oft er das Dorf verlassen hatte, um auf die hohe Klippe zu steigen, die über den brausenden Brechern aufragte. Hier hatte er sich hoch im Felsgestein eine Höhle gebaut.

Die Schwermütigkeit von früher war zurückgekehrt. Stundenlang pflegte er dort schweigend zu sitzen und über die unendliche Weite des Ozeans zu blicken. Die Frauen nahmen an, daß er Richtung England schaute. Er grübelte wohl über das seltsame Schicksal nach, das ihn an diesen abgelegenen Flecken Erde verschlagen hatte. Sie stellten sich vor, daß er von Heimweh und Sehnsucht nach seiner Familie verzehrt wurde. Immer wieder ging er in Gedanken die Ereignisse durch, die zu der Meuterei geführt hatten. Dachte über die Zwischenfälle nach, die seinen Bruch mit Bligh verursacht hatten. Grämte sich um die königliche Insel, auf die er nie wieder zurückkehren konnte.

Natürlich waren das alles Vermutungen, mehr nicht. Aber bei Fletcher Christians Veranlagung können wir fast sicher sein, daß die Gedanken, die ihn hauptsächlich beschäftigten, um seine Schuld in der Vergangenheit kreisten.

Es ist sehr wahrscheinlich, daß er sich selbst die Schuld am vermutlichen Tod von Bligh und seinen Männern zuschrieb, die er zuletzt in der Barkasse der „Bounty" gesehen hatte. Er glaubte ganz sicher, daß die Engländer auf Tahiti inzwischen gefaßt und in ihrer Heimat zum Tode verurteilt worden waren. Deshalb machte er sich selbst schwere Vorwürfe.

Blighs Heimkehr

Bligh war am 14. März 1790 wieder in England angekommen. Seine Rückkehr machte keine Schlagzeilen. Tagesthema war die Revolution in Frankreich, die Englands Thron ins Wanken zu bringen drohte.

Doch in den Kreisen der Admiralität wurde William Bligh als Held gefeiert. Seine Gönner planten bald eine zweite „Brotfruchtreise" für ihn. Ein Kriegsgericht, das die Kaperung der „Bounty" zu untersuchen hatte, sprach Bligh im Oktober in Ehren von der Verantwortung für den Verlust des Schiffes frei.

Die Regierung erteilte der Admiralität Order, ein Kriegsschiff auszusenden, um die Meuterer zu fassen.

S. 87

Wenn man an die blutige Vergangenheit Pitcairns denkt, erscheint es wie ein Wunder, daß diese kleine Kirche den Mittelpunkt des Lebens der heutigen Inselbewohner bildet. ■ *Der einzige Laden auf Pitcairn führt alles – vom Schnürsenkel bis zum Abflußrohr. Touristen sind hier sehr beliebt, weil sie das Geschäft beleben.*

Bald stach die mit 24 Kanonen bestückte Fregatte „Pandora“ in See.

Wie Christian erwartet hatte, wurde Tahiti bei der Suche nach den Meuterern als erstes angesteuert. Die „Pandora“ ging dort am 23. März 1791 vor Anker. 14 der 16 Besatzungsmitglieder, die auf Tahiti geblieben waren, wurden entweder gefaßt oder stellten sich freiwillig. Alle wurden auf dem Achterdeck in einer Art von Gefängnis in Eisen gelegt – auf einer Gesamtfläche von 3,5 × 5,5 Metern.

Die beiden anderen Meuterer waren tot. Einer war von Kameraden erschlagen worden, der andere von Eingeborenen.

Die „Pandora“ lichtete am 8. Mai die Anker und verbrachte noch einige Zeit damit, nach Christian und seinen Männern zu suchen. Dabei kreuzte sie weit hin und her, kam aber nicht bis Pitcairn.

Am 28. August 1791 erlitt die „Pandora“ am Großen Barrie-Riff Schiffbruch. Von einer Gesamtbesatzung von 120 Mann ertranken 31, außerdem vier der Gefangenen.

Der Rest segelte in vier Beibooten nach Timor, von wo die Gefangenen nach England gebracht wurden, damit ihnen der Prozeß gemacht werden konnte. Die Verhandlung vor dem Kriegsgericht begann am 18. September 1791 in Portsmouth. Angeklagt waren Joseph Coleman, Charles Norman, Thomas McIntosh, Peter Heywood, James Morrison, John Millward, William Muspratt, Thomas Burkett, Thomas Ellison und Michael Byrne.

Coleman, Norman, McIntosh und Byrne wurden freigesprochen. Die anderen wurden für schuldig befunden und zum Tode verurteilt.

Schließlich wurden drei begnadigt: Heywood und Morrison aufgrund von Verfahrensfehlern und Muspratt, nachdem zwölf Richter die Zeugenaussagen jedes einzelnen Meuterers abgewogen und außerdem die Tatsache in Betracht gezogen hatten, daß Muspratt sich für Normans Freispruch eingesetzt hatte.

Am 29. Oktober 1792 wurden Millward, Burkett und Ellison an Bord der H. M. S. „Brunswick" gehängt.

Die zweite Welle

Die Polynesier hatten lange, bevor er es tat, damit gerechnet, daß John Adams sich eine ihrer Frauen holen würde. Er wählte schließlich Tinafanea, die bei den beiden Tubuaianern gelebt hatte.

Jämmerliche Verzweiflung erfaßte die Männer. Sie hatten nichts mehr zu verlieren. Es gab nichts mehr auf dieser Insel, was die Weißen nicht für sich erobert hatten. Für sie blieb nur Ausbeutung und die brutale Mißhandlung durch solche Rohlinge wie McKoy und Quintal.

Sie würden die Engländer ermorden!

Die Verschwörung wurde diesmal sorgfältig ausgeheckt, ohne daß die Frauen und die Meuterer etwas davon mitbekommen konnten. Auch der Tag des Anschlags wurde genau geplant. In der Morgendämmerung beobachteten sie, wie die Frauen und Kinder sich auf den Weg zur anderen Seite der Insel machten.

Sie sahen, wie Edward Young die Siedlung verließ und bald außer Sicht- und Hörweite war. Er bestieg die inselabgewandte Seite der Klippe, um nach vorbeifahrenden Schiffen auszuschauen und Wache zu halten. Er würde den ganzen Tag fort sein.

Isaac Martin schöpfte keinen Verdacht, als Tetaheite ihn um die Flinte und Munition bat, weil er Schweine schießen wollte. Minuten später hörte er, wie ein Schuß abgefeuert wurde. Er nahm an, daß ein Schwein erlegt worden war. Tatsächlich war John Williams am Point Blank Range erschossen worden. Williams hatte die Frau von Talaloo gestohlen und war deshalb das erste Ziel ihres Hasses.

Inzwischen hatten sich auch Timoa und Nehou Waffen beschafft. Manalees Rolle bei der Verschwörung bestand darin, in der Siedlung zu bleiben, damit kein Verdacht aufkäme. Falls die Sache völlig schiefgehen sollte, war es seine Aufgabe, Alarm zu schlagen.

Doch in letzter Minute änderten sie noch etwas an ihrem Plan.

Da bereits ein Meuterer tot war und drei Polynesier sich Waffen hatten beschaffen können, beschlossen sie, am besten zusammenzubleiben. Manalee arbeitete an diesem Tag bei Mills und McKoy. Seine Kameraden kamen und baten für ihn um Erlaubnis, ihnen beim Abtransport des erlegten Schweines zu helfen. Das wurde ihnen gestattet.

Nun machten sich vier Polynesier, drei davon bewaffnet, direkt auf den Weg zu Fletcher Christians Haus.

Der verschlossene, gebildete junge Mann, der die Meuterei angeführt hatte, genoß immer noch Respekt sowohl bei den Engländern wie auch bei den Polynesiern. Doch letztere fürchteten ihn auch. Wenn überhaupt irgend jemand ihrem Tun ein Ende setzen konnte, dann war er es.

Sie fanden ihn im Garten bei der Arbeit. Er wandte seinen Mördern das Gesicht zu. Zu spät wurde ihm ihre Absicht klar. Das Blut stockte ihm in den Adern. Da schossen sie schon. Fletcher Christian fiel tödlich verletzt zu Boden. Er spürte den kalten Schweiß des Schmerzes. Sein Lebenswerk schien vernichtet. Innerhalb weniger Minuten war er tot. –

Jahre später, als die Nachricht vom Schicksal der Meuterer England erreichte, wurde dieses „Finale“ der

Geschichte am schwersten akzeptiert. Wie konnte das Leben des großen Helden der Meuterei ein so jähes und sinnloses Ende finden? Aus einem gewissen Wunschdenken heraus entstand der Mythos, Christian habe das Blutbad überlebt und sei in einem behelfsmäßigen Boot in seine heimatliche Grafschaft Cumbria zurückgekehrt, wo er zum Vorbild des *Seemanns aus alter Zeit* in Coleridges Gedicht wurde. Die Freundschaft von Coleridge mit Wordsworth, der wiederum gut bekannt war mit der Familie Christian, schien diesem Mythos Glaubwürdigkeit zu verleihen. Aber es war fraglos ein Mythos. Zu den sichersten Entdeckungen, die Glynn Christian während seines monatelangen Aufenthaltes auf Pitcairn machte, gehörte die Stelle, wo sein berühmter Vorfahre einen gewaltsamen Tod gefunden hatte. –

McKoy, der die Polynesier stets als „Feinde" betrachtet und ihnen voller Mißtrauen begegnet war, begriff als erster, was los war. Er zog die richtige Schlußfolgerung, als er entdeckte, daß drei von ihnen bewaffnet waren. In panischem Schrecken versuchte er die anderen zu warnen. Mills erwies sich als störrisch. Sie stritten miteinander, als sich Tetaheite näherte. Mills hatte immer ein gutes Verhältnis zu den Polynesiern gehabt und weigerte sich deshalb jetzt, die Schlußfolgerungen aus dem, was er als McKoys mißtrauische Hirngespinste betrachtete, zu akzeptieren. Für einen Augenblick war selbst McKoy unvorsichtig. Als Tetaheite ihm sagte, daß zwei Polynesier in seinen Sachen stöberten, erkannte er die Falle nicht. In großer Eile machte er sich auf den Weg nach Hause. Tetaheite war es gelungen, die beiden Engländer zu trennen. Die Verschwörer traten aus ihrem Versteck hervor und erschossen Mills auf der Stelle.

Als er wieder einen Schuß hörte, wußte McKoy, daß er auf einen Trick hereingefallen war. Er hatte keine Schwierigkeiten, Quintal davon zu überzeugen, mit ihm zu kommen. Sie rannten zu Christians Hütte. Schon von weitem sahen sie seinen Leichnam im Garten liegen. Zu Tode erschrocken rannten beide in die nahegelegenen bewaldeten Hügel.

Aus ihrem Versteck heraus hörten sie zwei weitere Schüsse. Isaac Martin, der Amerikaner, und der Botaniker Brown waren ermordet worden.

Überraschend kehrten einige der Frauen von der anderen Seite der Insel zurück. Sarah Quintal erkannte schnell, was im Gange war. Als sie John Adams in seinem Garten bei der Arbeit antraf, riet sie ihm, zu den Hügeln zu fliehen, wenn er nicht das gleiche Schicksal wie seine Kameraden erleiden wollte. John Adams gesellte sich zu McKoy und Quintal.

Überrascht von ihrem eigenen Erfolg begannen die Polynesier, die Hütten ihrer ehemaligen Herren zu übernehmen. Weil sie jedoch wußten, daß Edward Young am frühen Abend von seiner Klippenwache zurückerwartet wurde, blieben sie wachsam. Doch dann war es Adams, den sie zuerst sahen. Er schlich sich aus dem Schatten der Büsche und lief pfeilschnell auf seine Hütte zu. Offensichtlich wollte er Proviant holen. Sofort versuchten sie ihn zu ermorden. Aber die Flinte versagte. Ein zweiter Schuß wurde abgefeuert. Als der Rauch verflogen war, zeigte es sich, daß Adams schwer verwundet, aber keineswegs tot war. Er ergab sich und flehte um Gnade. Der blutende Mann wurde zu Fletcher Christians Hütte geschleift – an Christians Leichnam vorbei. Als Edward Young ins Lager zurückkehrte, wurde er gefangengenommen und mit Adams zusammen festgehalten.

Ahnungslos kehrten die Frauen und Kinder zur Siedlung zurück, als die ersten Regentropfen fielen. Kumuluswolken, am Morgen noch so harmlos wie Seerosen in einem Teich, waren dabei, sich zusammenzuballen. Ihre Ränder leuchteten weiß wie Marmor gegen den zunehmend schwarzen Himmel. Die Frauen und Kinder liefen, so schnell sie konnten, um nach Hause zu kommen. Sie konnten nicht wissen, daß sie sich jetzt in den Händen der Polynesier befanden, die ihren makabren Triumph wild und ausgelassen feierten.

In dieser schrecklichen Nacht und noch lange danach hielten McKoy und Quintal sich im gebirgigen Teil der Insel versteckt.

Unter den vier Polynesiern gab jeder verschiedene Anweisungen. Bald kam es zu einer ernsten Auseinandersetzung um die Verteilung der Frauen. Nach einem blutigen Zweikampf floh Manalee in die bewaldeten Hügel, wo McKoy und Quintal immer noch aushielten. Nach einiger Zeit fand er sie. Er wurde feindselig und mißtrauisch aufgenommen. Als Adams sich von seinen Verletzungen einigermaßen erholt hatte, schickte man ihn mit einer Botschaft zu McKoy und Quintal. Der Inhalt dieser Botschaft besagte, daß sie zurückkehren dürften, wenn sie Manalee ermorden würden. Sie verloren keine Zeit und brachten ihn auf der Stelle um.

Jetzt war die Reihe an den Frauen, sich an der Mordaktion zu beteiligen. Die Witwen der ermordeten Männer schmiedeten zusammen mit Edward Young einen Plan, um die übrigen Polynesier umzubringen. Young erschoß Nehou, und die Frauen übernahmen die beiden anderen. Von den 15 Männern, die 1790 mit der „Bounty“ auf Pitcairn gelandet waren, hatten elf einen gewaltsamen Tod gefunden. Auf der Insel lebten jetzt vier Männer und zehn Frauen. Man schrieb den 3. Oktober 1793.

Von den neun Meuterern auf Pitcairn überlebten fünf jene ihrer früheren Gefährten, die vor ein britisches Gericht gestellt und an Bord der H. M. S. „Brunswick“

Briefmarken halten das Interesse an Pitcairn wach, indem sie die nunmehr zweihundertjährige Geschichte auf unterschiedliche Weise erzählen. Flora und Fauna, Fische und Getreidefelder sind auf den Briefmarken zu sehen. Und natürlich darf auf keiner das Porträt der Königin Elisabeth fehlen. Denn Pitcairn sieht sich selbst als das patriotischste aller britischen „Länder“ an. In jedem Haus findet man deshalb mindestens ein Bild der Königin.

Method of Bounty's Transportation of the Young Bread-fruit Plants in Pots.
PITCAIRN ISLANDS
5c

PITCAIRN ISLANDS
$1

THE ISLAND CHURCH
PITCAIRN ISLANDS
35c

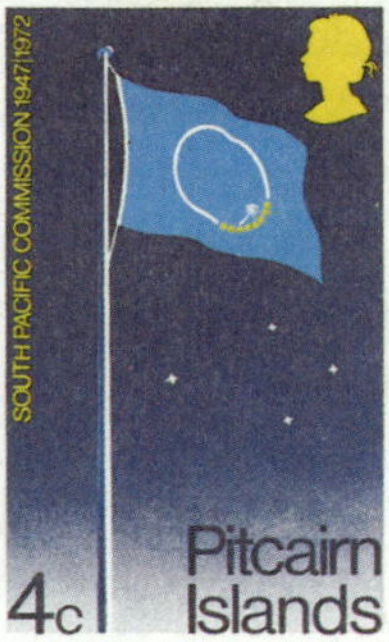
SOUTH PACIFIC COMMISSION 1947|1972
4c
Pitcairn
Islands

1D
H.M. ARMED VESSEL BOUNTY
PITCAIRN ISLANDS

POLISTES JADWIGAE DALLA TORRE
PITCAIRN WASP
PITCAIRN ISLANDS
4c

PANTALA FLAVESCENS
"DEVIL'S NEEDLE"
PITCAIRN ISLANDS
15c

ANOMIS FLAVA & CHASMINA TIBIALIS
MOTHS
PITCAIRN ISLANDS
10c

Pitcairn Islands

Pitcairn Islands
15c
'Elwyn's Trousers'

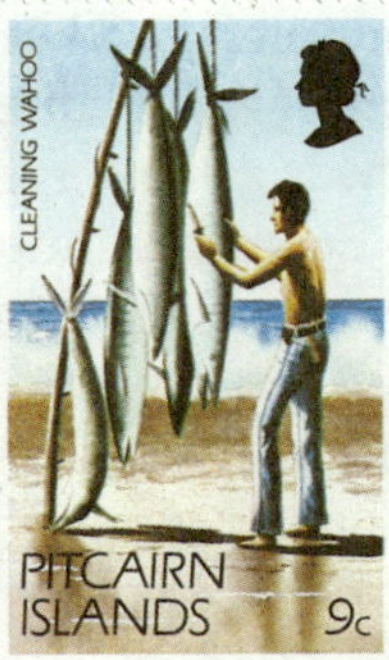
CLEANING WAHOO
PITCAIRN
ISLANDS
9c

Pitcairn Islands
5c
'Auntie-and-Ann'

gehängt worden waren, nur um elf Monate. McKoy, Quintal, Adams und Young sollten noch ein bißchen länger leben.

Der letzte Engländer

Das Blutbad brachte keinen Frieden für die Insel.

Vorher waren die Frauen rar gewesen und deshalb relativ gut behandelt worden. Nun wurden sie neu verteilt, wobei jeder Mann zwei oder drei von ihnen erhielt. Waren sie bis dahin ein geschätztes Gut gewesen, so erging es ihnen jetzt sehr schlecht. Quintal und McKoy, von Natur aus gewalttätig, trieben die Mißhandlungen auf die Spitze. Als Sarah Quintal einmal vom Eiersammeln, einem gefährlichen Unternehmen, ohne große Beute zurückkehrte, biß ihr Mann ihr buchstäblich ein Ohr ab!

Selbst Edward Young, der eigentlich für sein anständiges Verhalten den Frauen gegenüber bekannt war, scheint in jener Zeit keine besonders gute Figur abgegeben zu haben.

Der Erfolg war, daß *alle* Frauen ihre Männer verließen. Sie schlossen sich in einer Hütte zusammen, wobei sie ihren Nachwuchs schützend in die Mitte nahmen.

In dieser lächerlichen Lage einer Art „kalten Krieges" war niemand bereit, den ersten Schritt zu tun. Schließlich entschied Young, daß er jetzt wohl an der Reihe war, etwas zu unternehmen.

Er ging hinüber zu der Hütte der Frauen und war entsetzt von dem, was er sah. Jenny, die ehemalige Frau von Isaac Martin, spielte mit einem Totenschädel. Young drückte seinen Abscheu aus. Triumphierend erwiderte Jenny, daß dies der Schädel von John Williams sei!

Auf seine Fragen erfuhr Young (wie er dann in seinem Tagebuch notierte), daß die Frauen im Besitz der Schädel der fünf weißen Männer waren. Youngs Tagebuch, inzwischen verschollen, fiel 1825 Kapitän Beechy in die Hände. Für ihn war der Hinweis auf „fünf weiße Männer" ein deutliches Zeichen dafür, daß Fletcher Christian auf Pitcairn gestorben war. Es gibt keinen Grund, diese Annahme in Zweifel zu ziehen.

Aber an jenem glühendheißen Südseesommertag im Jahre 1794 wurde es Edward Young vor Ekel ganz übel. Zorn stieg in ihm hoch. Hemmungslos beschimpfte er die Frauen als „Wilde" und verlangte, daß sie die Gebeine der toten Männer begraben sollten.

Der Vorfall endete damit, daß Young vor den Augen von elf sehr wütenden Frauen den Rückzug antreten mußte.

Nur wenige Wochen später jedoch, als Jenny die Absicht der Frauen ankündigte, ein Boot zu bauen, um damit die Insel zu verlassen, boten die Männer nach kurzer Diskussion ihre Hilfe an.

Das Vorhaben hatte nie auch nur den Schimmer einer Aussicht auf Erfolg, und selbst wenn es anders gewesen wäre, so sorgte die „Hilfe" der Männer dafür, daß die Frauen keine Chance hatten. Als das Boot schließlich in der Bountybucht vom Stapel gelassen wurde, ging es wenige Meter von der Küste entfernt unter, und die Frauen mußten, durchnäßt und wütend, an Land zurückwaten. Das einzige positive Ergebnis dieses absurden Unternehmens war, daß die Frauen sich bereiterklärten, die Gebeine der ermordeten Männer zu bestatten – zehn Monate nach deren Tod!

Mit der Zeit wurden die Frauen immer unglücklicher. Verzweiflung stand in ihren Gesichtern geschrieben. Einige von ihnen hatten sich bereits des Mordes schuldig gemacht, und die Männer wußten nur zu gut, daß sie bei einer günstigen Gelegenheit nicht zögern würden, einen weiteren Mord zu begehen. Deshalb versteckten sie Flinten, um sich damit notfalls verteidigen zu können, und deckten alle zwei oder drei Wochen die eine oder andere „Verschwörung“ auf.

Am 13. November 1794 gingen die Frauen tatsächlich zum Angriff über. Aber sie waren sich nicht einig. Während die Mehrheit von ihnen fest entschlossen war, die Insel von den Männern zu säubern, empfanden einige doch noch so etwas wie Verbundenheit zu denen, die sie einmal als ihre „Ehegatten“ betrachtet hatten. Vor allem Edward Young schien bei den Frauen immer noch Ansehen zu genießen.

Ein unruhiger Waffenstillstand zwischen den Geschlechtern hielt während des Sommers 1794/95 an. Von Zeit zu Zeit machte sich eine Gruppe von Frauen auf, um sich in den abgelegeneren Teilen der Insel zu verstecken. Eine Zeitlang schien sich die Lage zu bessern, als es den Männern nach monatelanger harter Arbeit gelang, zwei Kanus zu bauen. Für eine Weile fingen sie damit wesentlich mehr Fische, die sie bei den Frauen gegen Fleisch und Jamswurzeln eintauschten.

Als auch noch die Ernte gut zu werden schien, konnte man fast denken, daß die Frauen sich allmählich in ihr Schicksal fügen würden.

Doch Bill McKoy und Matt Quintal machten jeder Hoffnung auf häusliche Harmonie oder auch nur friedliche Koexistenz ein jähes Ende. Der letzte Akt des Dramas begann am 20. April 1797 mit einer besonderen Entdekkung.

An jenem Tage gelang es ihnen, nachdem sie schon eine ganze Zeitlang mit Baumwurzeln und Zuckerrohr herumexperimentiert hatten, Branntwein herzustellen. McKoy hatte das „Rezept“ dafür entdeckt. Quintals Beitrag bestand darin, daß er die Kessel der „Bounty“ zu einem Destillierapparat umbaute. Bald gab es wilde Zechgelage, an denen auch einige Frauen teilnahmen. Unter Alkoholeinfluß kletterte McKoy auf eine hohe Klippe und stürzte von dort in den Tod.

Aber es war Sarah Quintals Tod – unter ähnlichen Umständen –, der erneut zu schweren Konflikten führte. Matthew Quintal verkündigte lautstark, daß ihm eine weitere Frau zustehe und er sich mit keiner geringeren als Isabella, der Witwe von Fletcher Christian, zufriedengeben werde.

Mit aller Entschiedenheit verwahrte sich Edward Young dagegen.

Quintal, der mittlerweile ständig mehr oder weniger betrunken war, drohte damit, alle Kinder Christians umzubringen, falls er Isabella nicht bekommen sollte.

Adams und Young entschlossen sich, dem durch einen Gegenschlag zuvorzukommen – mit der Axt. Quintal war sofort tot.

Zwanzig Kinder lebten mittlerweile auf der Insel. Sully, inzwischen zehn, war mit ihrer Mutter an Bord der „Bounty“ nach Pitcairn gekommen. Dann waren da die drei Kinder von Fletcher Christian: Thursday October (9), Charles (8) und Mary (6). Es gab drei siebenjährige: Matthew Quintal jun., Daniel McKoy und Elisabeth Mills. John Mills war sechs Jahre alt. Die übrigen waren Kleinkinder der Jahrgänge 1794 bis 1799. Mit den neun Frauen und den beiden überlebenden Männern, Edward Young und John Adams, hatte Pitcairn nun 31 Einwohner.

Als Edward Young im Jahre 1800 an der Schwindsucht starb, blieb nur noch John Adams als „Patriarch“ dieser seltsamen „Inselgemeinde“ übrig.

Eine Entdeckung und ihre Folgen

Noch konnte es sich keiner vorstellen, doch Mord und Totschlag, die bis dahin die Inselbewohner in Angst und Schrecken gehalten hatten, sollten nun endgültig der Vergangenheit angehören.

Die Kolonie auf Pitcairn war dabei, so völlig umgewandelt zu werden, daß man sie nicht mehr wiedererkennen würde. Diese Umwandlung begann mit einer Entdekkung.

Diese Entdeckung machten Adams und Young unter den Sachen, die Fletcher Christians Witwe gehörten. Es war ungefähr ein Jahr vor Youngs Tod.

Das Buch, das ihnen völlig überraschend wieder in die Hände fiel, sollte als die *Bounty-Bibel* bekanntwerden.

Dieses Buch rief bei Young und Adams ferne Erinnerungen wach. Einmal, als Fletcher Christian noch gelebt hatte, war von ihnen der Versuch unternommen worden, regelmäßig Gottesdienst abzuhalten. Ans Bett gefesselt und bereits todkrank, hatte Edward Young nun viel Zeit zum Nachdenken. Gab es eine Zukunft für die kleine Gruppe von Menschen, die sich auf diesem abgelegenen Felsen im Südpazifik angesiedelt hatte? Er selbst war in mancher Hinsicht privilegiert, besaß unter anderem eine gute Schulbildung und kam aus einem christlichen Elternhaus. Er hatte es aber versäumt, davon etwas an die anderen weiterzugeben.

Die letzten Monate seines Lebens verbrachte Young damit, John Adams Lesen und Schreiben beizubringen, wobei ihm die Bibel als einziges Lehrbuch diente. Adams erwies sich als begabter Schüler. Er eignete sich nicht nur rasch eine gute Grundlagenbildung an, sondern begriff auch schnell die Prinzipien, auf deren Basis dieses Lehrbuch geschrieben worden war.

Bald ließ John Adams, der mit seiner derbgeröteten, pockennarbigen Haut eher einem alten Haudegen als einem Geistlichen glich, Morgen- und Abendandachten einführen. Außerdem wurden am Sonntag jeweils zwei feierliche Gottesdienste durchgeführt.

Die Frauen und Kinder konnten sehen, wie er sich innerlich und äußerlich änderte. Adams war nicht nur auf die Bibel gestoßen, sondern auch dem Mann begegnet, von dem dieses Buch berichtet. Und das war das Entscheidende.

Im Bewußtsein seines nahen Todes ließ Edward Young alle, die bei ihm waren, mit dünner, krächzender Stimme wissen, daß die Insel jetzt in guten Händen war. Er und Adams hatten gemeinsam einen Mord begangen. Auch andere hatten Blut an ihren Händen. Sie alle hatten eine Vergangenheit, die es zu bewältigen galt. Doch es gab einen Weg . . .

Der Weg

Der letzte Engländer auf Pitcairn, der einzige Überlebende der Meuterer von der „Bounty“, hatte ein mysteriöses Vorleben aus der Zeit vor der Brotfrucht-Expedition aufzuweisen. Der alte Haudegen war wegen seiner Gewalttätigkeit und Trunksucht berühmt-berüchtigt gewesen. Jeder kannte sein lockeres Liebesleben. Dieser Mann, der einen Mord auf dem Gewissen hatte, erlebte seine völlige Bekehrung, als er Jesus Christus begegnete.

Zweifellos war es diese Bekehrung von John Adams,

die das kleine Gemeinwesen auf Pitcairn vor der Zerstörung bewahrte. Im Alter von 36 Jahren hatte er eine Wiedergeburt erlebt – und er schaute nie mehr zurück.

Seine Bekehrung beinhaltete auch, daß er seine Vergangenheit so gut wie möglich in Ordnung brachte. Es war zu jenem Zeitpunkt, daß er seinen Decknamen Alexander Smith ablegte (den er angenommen hatte, als er auf der „Bounty" anheuerte) und sich wieder zu seinem richtigen Namen John Adams bekannte. Bei den täglichen Andachten und den sonntäglichen Gottesdiensten lernten die Frauen und Kinder nicht nur die biblischen Geschichten kennen, die Adams so faszinierten, sondern konnten auch immer wieder sehen, wie sehr sich sein Wesen verändert hatte.

Es war offensichtlich möglich, im England des 18. Jahrhunderts aufzuwachsen und so wenig in der christlichen Lehre unterwiesen zu werden wie jemand, der auf Tahiti groß geworden war. Adams war von der Bibel fasziniert, die er vorher nicht gekannt hatte. Ihre Geschichten waren für ihn brandneu. Tag für Tag wußte er die Aufmerksamkeit der Kinder mit seiner lebendigen Art zu fesseln, wenn er ihnen erzählte, was er selbst gerade erst gelesen hatte.

Jesus Christus, dessen Name ihm bisher nur als Fluchwort der Matrosen bekannt gewesen war, wurde für Adams nun zu einer lebendigen Wirklichkeit. Jahre später sollten die Kinder, die jetzt noch zu seinen Füßen saßen, die Umwandlung in seinem Leben bezeugen und sich daran erinnern, wie er ihnen hier und da einen kurzen Einblick in sein Leben gewährt hatte. Über Einzelheiten aus seiner schlimmen Vergangenheit wurde nie gesprochen. Nur ganz allgemein sagte er: „Ich bin ein Sünder, der den Tod verdient. Aber Jesus Christus ist den Tod gestorben, den ich verdiente, und meine Sünden sind in den bodenlosen Tiefen von Gottes Vergessen versunken."

Adams sprach von einem Frieden, der jedes Verstehen übertraf, von einer Freude, die kein Mensch ihm nehmen konnte, und daß er Sinn und Ziel für sich ganz neu gefunden hatte. Aber auch wenn er nichts gesagt hätte, wäre all dies durch sein neues Leben für alle erkennbar geworden.

John Adams fühlte eine tiefe Verantwortung für die gegenwärtige wie für zukünftige Generationen auf der Insel. Oft zog er sich in „Christians Höhle" auf der Frontseite der Klippe zurück. Dort pflegte er zu lesen, zu meditieren und zu einem Gott zu beten, der für ihn so real geworden war, als sei er sein ständiger Begleiter. Einmal, so bekannte er später, habe er in der Höhle eine Art von „Vision" oder „mystischem Erlebnis" gehabt.

Sein christlicher Glaube erwies sich als ansteckend. Die Kinder griffen ihn auf und setzten ihn begeistert in die Praxis um. H. M. S. Richards, ein amerikanischer Rundfunk-Evangelist, drückte es so aus: „Die Kinder wurden ruhig, friedfertig und fleißig. Sie fühlten sich als große Familie, die unter dem väterlichen Zusammenhalt von John Adams in Liebe verbunden war."

Sie bauten sich sogar ihr eigenes Klassenzimmer, um über das, was sie von Adams täglich lernten, nachzudenken und das Gelernte zu vertiefen.

Auch die Frauen besaßen eine Vergangenheit, die von Verbrechen und Unmoral geprägt war. Im buchstäblichen Kampf ums Überleben hatten sie viel Schuld auf sich geladen. Doch eine nach der anderen ließ sich durch die Begegnung mit der *Bounty-Bibel* innerlich ansprechen. Die Veränderung durch den Glauben an Christus, die sie am Beispiel von John Adams erlebten, begann sich auch auf ihr Leben auszuwirken.

Eine neue Generation

Mit dem Jahr 1806 wurden auf Pitcairn die ersten Kinder einer neuen Generation geboren. Thursday October Christian heiratete Susan, die Witwe von Edward Young. Charles Christian heiratete Sully. Bald gab es weitere Hochzeiten.

Die Eheschließungen wurden von John Adams durchgeführt, der dafür ein Gebetbuch benutzte (das, wie die Bibel, einmal Fletcher Christian gehört hatte) sowie einen Ring, der aus dem Nachlaß eines der Seekadetten stammte.

In das kleine Gemeinwesen, das jetzt frei war von den früheren Spannungen, aber immer noch den täglichen Kampf ums Überleben führte, wurden weitere Kinder geboren. Im Jahre 1809 entdeckte Mayhew Folger, ein amerikanischer Kapitän, die Insel der Meuterer zum ersten Mal. Viele Male zwischen dem Zeitpunkt der Landung auf Pitcairn und Edward Youngs Tod waren Schiffe schon in die Nähe der Insel gekommen. Dann hatte der Wachtposten Alarm geschlagen, und alle Feuer waren gelöscht und sämtliche Arbeiten eingestellt worden, bis die Gefahr vorüber war. Diese Vorsichtsmaßnahmen wurden nach Adams Bekehrung eingestellt. So kam es zur Entdeckung Pitcairns durch den amerikanischen Kapitän, und mit jener Entdeckung trat die Legende von Pitcairn ihren Siegeszug durch die ganze englischsprachige Welt und darüber hinaus an. Es war die Legende von einem idyllischen Gemeinwesen, das von einem würdigen Patriarchen geführt und von fröhlichen Kindern bevölkert wurde. Aber es war auch die Geschichte einer Insel, die täglich ums Überleben kämpfte. Diese Geschichte faszinierte die Phantasie der Menschen in der westlichen Welt – bis heute.

Die Insel lockte bald die ersten Besucher an. Britische und amerikanische Schiffe gingen bei Pitcairn vor Anker. Großboote mit der neuen Generation von Pitcairnern an Bord fuhren hinaus, um die Passagiere und Besatzungsmitglieder zu begrüßen. Überall war Pitcairn bald bekannt für seine hohen moralischen Grundsätze, die John Adams aufgrund der Lehren, die er in der *Bounty-Bibel* entdeckte, eingeführt hatte. Offiziere der Königlichen Marine, nicht länger an der Tatsache interessiert, daß am Anfang der ganzen Geschichte eine Meuterei gestanden hatte, berichteten von dieser Insel der sonnengebräunten Männer und wunderschönen Frauen. Sie erzählten vom einfachen Lebensstil und den puritanischen Wertvorstellungen, die dort herrschten. Die neue Generation hatte entschlossen jenen Ausschweifungen den Rücken gekehrt, die für das Leben auf der Insel so charakteristisch gewesen waren, ehe die *Bounty-Bibel* ihre umwandelnde Kraft bewies.

Am 29. März 1829 starb John Adams im Alter von 65 Jahren. In seinen letzten Worten brachte er seine Gewißheit zum Ausdruck, erlöst zu sein und einmal das ewige Leben zu haben. Mit einer großartigen Feier, die auch für europäische Verhältnisse pompös und prunkvoll gewesen wäre, wurde er in einem Grab am Fuß der großen Klippe zur Ruhe gelegt, nicht weit entfernt von der Höhle, in der er über all die Jahre so viel Zeit verbracht und seiner eigenen Aussage zufolge einmal im Traum einen Engel gesehen hatte.

Fremde kommen nach Pitcairn

Genau betrachtet wäre es nach dem Tod des Patriarchen besser gewesen, wenn einer der wohlgeratenen Söhne Fletcher Christians seinen Platz eingenommen hätte.

Doch im letzten Jahrzehnt seines Lebens war es Adams mehr und mehr bewußt geworden, wie sehr die Inselbewohner eine bestimmte Art Schulbildung benötigten, die er ihnen nicht vermitteln konnte. So kam es, daß nach seinem Tod Fremde seinen Platz einnahmen. Männer, die nicht Teil der Geschichte dieser Insel waren, dafür aber die herausragende Stellung sahen, die sie sich auf dieser puritanisch geprägten Insel schaffen konnten, um das kleine Gemeinwesen auszubeuten. Vor allem aber hatten diese Fremden keinen Anteil an der Bekehrung, die das Leben der Inselbewohner in den frühen Jahren des Jahrhunderts so sehr umgewandelt hatte.

Der erste dieser Fremden, der seinen Einfluß auf der Insel geltend machen sollte, war John Buffet, ein junger Mann mit grimmigem Blick, stürmischem Temperament und solider Handwerkerausbildung. Als im Oktober 1823 der Walfänger „Cyrus" bei Pitcairn vor Anker ging, hatte Buffet bereits ein abenteuerliches Leben hinter sich und schon so viel erlebt und gesehen, wie manch ein anderer in einem ganzen Seemannsleben.

Buffet kam an Land, weil John Adams eine dringende Bitte an seinen Kapitän gerichtet hatte. Wäre es möglich, so hatte Adams gefragt, daß irgendeiner an Bord der „Cyrus" sein Amt als Erzieher für die Inselbewohner übernehmen könnte? Buffet wurde an Land gebracht. Als er im Mondschein die Klippe zur Siedlung hochkletterte, merkte keiner, daß noch jemand das Schiff verlassen hatte und an Land gekommen war.

Erst als die „Cyrus" wieder ein gutes Stück von Pitcairn entfernt war, kam der 19jährige John Evans aus seinem Versteck hervor.

Bald machten Buffet und Evans große Augen, als sie die hübschen kastanienbraunen Mädchen der Insel sahen. Adams sorgte gleich dafür, daß sie mit den Spielregeln vertraut wurden: Ohne Heirat lief gar nichts. Nach kurzer Zeit bat Dorothy Young um die Erlaubnis, Buffet zu heiraten, und Adams' eigene Tochter Rachel erbat seine Einwilligung für ihre Eheschließung mit Evans. Mit vielen Zweifeln im Herzen führte er beider Eheschließung durch.

Buffet etablierte sich als Schulmeister, und zwei Jahre lang schien die Sache gutzugehen. Doch bald sah er sich nach anderen Frauen um, die „noch zu haben" waren. Als seine Affäre mit einer der Töchter des verstorbenen Matthew Quintal ruchbar wurde, verlor er sein Ansehen auf der Insel. Wenn er bleiben wollte, mußte er etwas dafür tun. Schließlich kam es so, daß seine Geliebte die Insel verließ, um so den puritanischen Reaktionen der anderen Inselbewohner zu entgehen.

Im Oktober 1828 kamen wieder zwei Fremde an: George Nobbs, ein Engländer, und der Amerikaner Noah Bunker. Beide Männer wurden von dem sagenhaften Ruf angezogen, den die Insel in ihrem jeweiligen Heimatland genoß. Nobbs war ein gebildeter Mann und konnte gut den Platz des in Ungnade gefallenen Buffet einnehmen.

Zweifellos der beste von all den Fremden, die sich auf der Insel niederließen, verlor Nobbs keine Zeit, um Sarah Christian, die Enkeltochter von Fletcher Christian, anzuhalten und sie zu heiraten. Als John Adams im März 1829 starb, war es deshalb Nobbs, der seinen Platz einnahm.

Nobbs sah sich bald gezwungen, nach der Lösung für ein Problem zu suchen, das John Adams noch nicht kannte. Quellwasser und Nahrungsmittel auf der Insel reichten einfach nicht mehr aus, um eine Bevölkerung von über 80 Menschen zu versorgen.

Innerhalb weniger Monate nach Adams Tod hatte das Problem drängende Ausmaße erreicht. Jeder sah das ein.

Aber nicht jeder war von der Lösung begeistert, die Nobbs sich ausgedacht hatte. Da er einen der Häuptlinge auf Tahiti kannte, schlug er vor, daß die Pitcairner den abgelegenen Felsen im Pazifik, der seit der Landung der Meuterer ihre Heimat gewesen war, verlassen sollten. Auf Tahiti würde ihnen ein Stück Land zugewiesen werden, und dies sei immerhin die Insel, von der die Frauen ursprünglich gekommen waren.

Am 7. März 1831 verließen sie Pitcairn auf der „Lucy Anne". Fast alle weinten untröstlich. Nur bei den Frauen, die vor 41 Jahren mit den Meuterern zusammen nach Pitcairn gekommen waren, mischte sich in die Trauer ein Gefühl erwartungsvoller Vorfreude. Ein Wiedersehen mit ihren Angehörigen stand ihnen bevor, von dem sie nie zu träumen gewagt hatten.

Die Ankunft auf Tahiti war fast so emotionsgeladen wie der Abschied von Pitcairn. Die Frauen umarmten ihre Geschwister, die wie sie alt und grau geworden waren.

Ansonsten erwies sich das Unternehmen als nicht sehr erfolgreich. Die revolutionäre Veränderung, die im Leben der Pitcairner in den Jahren nach der Entdeckung der *Bounty-Bibel* stattgefunden hatte, ließ sie unter den Tahitianern mit ihrer lockeren Moral nicht mehr heimisch werden. Die langen Jahre in der Ferne hatten auch ihre Abwehrkraft gegen bestimmte Krankheiten, die auf Tahiti häufig vorkamen und von denen einige tödlich waren, geschwächt.

Innerhalb von einigen Tagen nach ihrer Landung starben nicht weniger als 14 Pitcairner, darunter Thursday October Christian, der älteste Sohn von Fletcher Christian, an einer Krankheit, die sie „die Pest" nannten.

Verglichen mit diesen Tragödien erschienen die Entbehrungen auf Pitcairn unwesentlich. Zunehmend setzte sich das Empfinden durch, daß man einen großen Fehler begangen hatte. Eine drastische Entscheidung war getroffen worden, ohne nach Gottes Willen zu fragen.

Als kaum sechs Wochen nach ihrer Ankunft ein Schoner Tahiti anlief, ergriff deshalb ein beträchtlicher Teil der Pitcairner, darunter der größte Teil der Christian-Familie, die Gelegenheit, nach Hause zurückzukehren.

Innerhalb von sechs Monaten war die gesamte überlebende Bevölkerung von Pitcairn wieder daheim in ihrem abgelegenen Paradies.

Unter der Fuchtel eines Verrückten

Kaum hatten sie sich auf Pitcairn wieder eingerichtet, folgte der nächste Alptraum.

Ein Frachtdampfer, der an der Insel vorbeikam, ließ einen 70jährigen Mann an Land gehen. Joshua Hill war sein Name. Er behauptete, Befehl von Seiner Majestät König William IV. von England zu haben, die Verwaltung der Insel zu übernehmen. Doch hinter einer eindrucksvollen Fassade verbarg sich ein Verrückter.

Hill war ein religiöser Psychopath mit ausgeprägtem Machtinstinkt. Von der britischen Regierung hatte er keinerlei Vollmachten.

Er führte ein drakonisches System von „Sündenstrafen“ ein. John Adams hätte sich im Grabe herumgedreht, wenn er das geahnt hätte. Aber Hill gewann die Sympathien vieler Inselbewohner. Vor allem die Frauen ließen sich davon beeindrucken, daß er jene Männer, die vor langer Zeit den Alkohol nach Pitcairn gebracht hatten, noch nachträglich mit dem Bannfluch belegte. Sie waren schon lange tot . . .

Bald folgte ein Exzess der Willkür dem anderen. Jemand erwähnte die Affäre, die Buffet vor fast einem Jahrzehnt gehabt hatte. Sofort befahl Hill, daß Buffet wegen seiner „Fleischessünden" ausgepeitscht werden sollte.

An einem sonnigen Tag, als die Vögel sangen und ein feuchtwarmer Duft von Gras in der Luft hing, ließ er Buffet an einen Baum fesseln. Einem der Quintals wurde befohlen, ihn auszupeitschen. Schon hob Quintal die Hand zum ersten Schlag.

Da trat ein großer, würdevoller Mann nach vorne. Es war Charles Christian, der älteste Mann auf der Insel, Fletcher Christians zweiter Sohn.

Er packte Quintal am Handgelenk und entwand ihm die Peitsche. Kein Wort wurde gesprochen, aber Hill bekam einen hysterischen Wutanfall.

Christian schaute voller Verachtung auf das fratzenhaft verzerrte Gesicht des übergeschnappten alten Mannes.

Hill hatte sein Gesicht verloren. Er beschloß, daß die Strafe im Schutz der Dunkelheit ausgeführt werden sollte. Zu diesem Zeitpunkt hatte er noch genügend Freunde, um dies möglich zu machen. Eines Nachts wurde John Buffet in den geheiligten Räumen von Pitcairns Kirche ausgepeitscht.

Hill brandmarkte die drei Fremden – Nobbs, Buffet und Evans (Bunker war bereits tot) – als „Feinde im Innern". Ganz sicherlich waren sie für ihn ein Haupthindernis auf dem Weg zur absoluten Macht. Hill stachelte ihre Frauen auf, sie zu verlassen, wobei er alle möglichen Verwünschungen über sie aussprach. Schließlich gelang es ihm, sie von der Insel zu vertreiben.

Aber die Pitcairner schlossen sich nicht eher gegen Joshua Hill zusammen, bis Quintals achtjährige Tochter, die beim Diebstahl von ein paar Jamswurzeln ertappt worden war, zum Tode verurteilt wurde.

Damit hatte der Diktator den Fehler seines Lebens gemacht. Quintal war bis dahin einer seiner treuesten Anhänger gewesen. Doch er hatte genügend Ähnlichkeit mit seinem Vater, um einem Tyrannen die Gefolgschaft zu verweigern, wenn es um seine ureigensten Interessen ging.

Trotzig bot er Hill die Stirn. Der ging gleich mit einem Schwert auf ihn los und forderte ihn auf, seine Sünden zu bekennen. In wenigen Augenblicken werde er sterben.

Quintal reagierte schnell. Er packte den alten Mann bei den Schultern, wirbelte ihn herum, entwaffnete ihn – und ließ ihn stehen als eine lächerliche Figur.

Nie wieder sollte Hill seine Macht zurückgewinnen.

Mittlerweile hatten Nobbs, Buffet und Evans Inseln erreicht, von wo es möglich war, Briefe an die britische Regierung zu schreiben. Sie protestierten heftig dagegen, daß die Insel einem solchen Irren unterstellt sein sollte.

Die verspätete Antwort der britischen Regierung traf 1841 ein. Sie schickte Kapitän Elliot, um die Insel „unter den Schutz der englischen Flagge zu stellen". Elliot blieb lange genug auf Pitcairn, um sicherzustellen, daß ein einfaches System von Gesetzgebung und Verfassung eingeführt und auch in der Praxis angewandt wurde.

Königin Victoria, die mittlerweile in London den Thron bestiegen hatte, sandte Geschenke, darunter eine Orgel für die Kirche. Sie hatte davon gehört, wieviel Schweres die Pitcairner in ihrer jüngsten Vergangenheit durchgemacht hatten. Bis ans Ende ihrer langen Regierungszeit nahm sie lebhaften Anteil an allem, was auf der Insel geschah. Vielleicht spürte sie, daß der puritanische Lebensstil dort ihrem eigenen Denken sehr nahekam.

Victorias weit entferntes Matriarchat ersetzte das von Isabella Christian. Die Witwe des längst verstorbenen Anführers der Meuterer von der „Bounty", deren Erinnerungen zurückreichten bis in jene Tage, als Kapitän Cook ihre Heimatinsel Tahiti besucht hatte, starb im Jahre 1841.

Krise und Festigung

Die Probleme, denen George Nobbs durch die Evakuierung nach Tahiti im Jahre 1831 zu begegnen versucht hatte, wurden mit jedem Jahr drängender.

Die Inselbewohner waren sich aber nicht nur der Probleme bewußt, sondern dachten auch noch mit Schrecken an jene Wochen, als sie weit entfernt von dem gelebt hatten, was sie inzwischen als ihre gottgewollte Heimat betrachteten. Wenn sie an lauen Sommerabenden um das große Gemeinschaftsfeuer saßen, wurden die Erlebnisse von damals wieder lebendig. „Eben erst gelandet, und schon hatten wir 14 Tote, darunter Thursday October Christian", erzählten die alten Frauen flüsternd. Aber sie sprachen auch von der „guten alten Zeit".

Doch es blieb nicht viel Zeit für Erinnerungen, als die Männer von Pitcairn in der Kirche zusammenkamen, um an einem jener langen Südseesommerabende kurz vor Weihnachten 1855 eine endgültige Entscheidung zu treffen.

Die Insel hatte inzwischen einen Bevölkerungsstand von 187 Personen erreicht. Pitcairn konnte seine Einwohner einfach nicht länger ernähren.

Erneute Evakuierung

Nach einer hitzigen Debatte wurde beschlossen, die Bevölkerung zu evakuieren. Lord Palmerstons Regierung in London hatte ihnen die Insel Norfolk angeboten.

Dieses Mal wurde die Evakuierung sorgfältig organisiert. Am 2. Mai 1856 wurden alle 187 Männer, Frauen und Kinder an Bord der „Morayshire“ gebracht, dazu so viel wie möglich von ihrem persönlichen Besitz und dem Vieh. So manches Auge wurde feucht, doch die Zweifel, die die meisten von ihnen im Herzen hegten, wurden übertönt von den Versicherungen der britischen Regierung, daß die Insel Norfolk, unweit von Neuseeland gelegen, für ihre Bedürfnisse ideal sei und die Bevölkerung auch in Zukunft, soweit man dies vorhersehen konnte, ernähren würde.

Unklar ist, ob man ihnen gesagt hatte, daß Norfolk bis in die jüngste Vergangenheit die „Teufelsinsel“ Großbritanniens gewesen war – eine Sträflingskolonie für die schlimmsten Schwerverbrecher. Die meisten Pitcairner haßten sie auf den ersten Blick. Sie hatte nichts von der üppigen Schroffheit der kleinen Insel, die sie weiterhin als ihre Heimat betrachteten. Die Gebäude, die noch stehengeblieben waren, legten ein stummes, aber beredtes Zeugnis davon ab, wie die Gefangenen hier gehaust haben mußten, ehe sie erst vor kurzem die Insel verlassen hatten. Die einzigen Häuser, die es überhaupt noch gab, standen alle in Verbindung mit der Verwaltung einer Sträflingskolonie.

Jetzt fühlten sich all jene bestätigt, die gegen eine Auswanderung gestimmt hatten. Am 2. Dezember 1858 ließen sich eine ganze Reihe von Familien der Sippen Young und McKoy auf der „Mary Ann“ nach Pitcairn zurückbringen.

In den folgenden Monaten und Jahren kehrten weitere Familien zurück, darunter alle Nachfahren von Thursday October Christian. Andere blieben auf Norfolk, bauten eine leistungsfähige Wirtschaft auf und betrachteten es bald als ihre Heimat. Unter ihnen waren sämtliche Nachfahren von Charles Christian. So wurden jene, die von dem berühmten „Bounty"-Meuterer abstammten, auf zwei verschiedene Inseln „verteilt".

Neues Leben auf Pitcairn

Die ersten Familien, die wieder nach Pitcairn zurückkehrten, sollten einen Schock erleben. Sie kamen im Morgengrauen an. Als sie sich der Siedlung näherten, stieg Nebel aus der Bucht hoch und hüllte sie ein, bis der Tau von ihren Augenbrauen tropfte.

Als die Sonne schließlich den Dunst vertrieben hatte, sahen sie mit eigenen Augen, was sie bereits befürchtet hatten: Jemand hatte während ihrer Abwesenheit in Adamstown gelebt. Überall waren noch Feuerstellen zu sehen. Am schlimmsten aber war, daß ihre Holzhütten weitgehend niedergerissen worden waren.

Nachdem sie zwei Tage recht und schlecht auf der Insel zugebracht hatten, entdeckten sie den Schlüssel für das Geheimnis. Im Schulgebäude – das weitgehend heil geblieben war – fanden sie auf einer Schiefertafel eine Botschaft. Sie stammte von Kapitän J. N. Knowles. Auf einer Reise von San Francisco hatte er mit seiner Besatzung 70 Meilen südwestlich von Pitcairn Schiffbruch erlitten. Er hatte seine Männer auf eine einsame Insel retten können und dort 30 von ihnen zurückgelassen, während er mit sechs Matrosen im Beiboot wieder in See gestochen war, um Hilfe zu holen. Nach vielen Tagen hatten die großen Brecher die Männer und ihr Boot an Land gespült, und zwar zu Füßen der großen Klippe vor der Bountybucht – gerade so, wie die Meuterer vor vielen Jahren gekommen waren. Das Boot war in der tosenden Brandung vollkommen zerstört worden.

Pitcairn war zwar nicht das gewesen, was sie gesucht hatten, aber zumindest fanden sie hier vorübergehend Unterschlupf und Nahrungsmittel in Fülle. In den Monaten, die sie auf der Insel verbrachten, hatten sie aus dem Holz der Hütten ein Boot gebaut, das sie von Pitcairn wieder wegbringen sollte. Weil sie die Geschichte der Insel kannten und es ihnen sehr peinlich war, daß sie so ein wichtiges Geschichtsdenkmal wie Adamstown „entweiht" hatten, nannten sie das Boot, das sie aus dem Holz der Siedlung bauten, „John Adams". Adamstown wurde wieder aufgebaut.

14 Jahre später kam Kapitän Knowles wieder auf die Insel, stellte sich ihren Einwohnern vor und schloß schnell Freundschaft mit ihnen.

Knowles Kontakt zu der Insel sollte sich als historisch erweisen. Bei seinem dritten Besuch im Jahre 1876 brachte er Briefe und religiöse Zeitschriften aus San Francisco mit. Sie stammten von James White und John Loughborough, die zu den Leitern einer schnell wachsenden religiösen Bewegung in den Vereinigten Staaten gehörten: der Gemeinschaft der Siebenten-Tags-Adventisten.

Ein dreiviertel Jahrhundert war verstrichen, seitdem die *Bounty-Bibel* auf Pitcairn zu einer Bekehrung geführt hatte. John Adams hatte seinerzeit bereits einen Hilferuf nach England geschickt und um einen Missionar der Kirche von England gebeten. Niemand hatte einen so abgelegenen Flecken aufsuchen wollen.

In den Jahren nach Adams Tod – Jahre, in denen das puritanische Erbe mit einigen Schwierigkeiten durch eine Handvoll herausragender Persönlichkeiten erhalten blieb – wurden weitere Bitten, doch einen Geistlichen zu schicken, nach England gesandt. Wenn man bedenkt, daß Pitcairn so etwas wie eine lebende Legende war, ist es einigermaßen erstaunlich, daß niemals einer kam. Der

Kontakt mit den Siebenten-Tags-Adventisten im Jahre 1876 war der erste Kontakt der Pitcairner zu einer organisierten Kirche.

Kapitän Knowles hatte eine gute Meinung von den Adventisten. Vielleicht sah er die Ähnlichkeit zwischen dem, was er vom adventistischen Lebensstil in den USA kennengelernt hatte, und dem, was ihm an der Pitcairn-Tradition am besten gefiel. Der Leiter des Insel-Gemeindewesens, wieder ein Thursday October Christian, las die Briefe von White und Loughborough sehr sogfältig und studierte die Kofferladung Bücher und Schriften, die sie mitgeschickt hatten. Jede Familie beschäftigte sich bald ernsthaft damit.

Es gab viel in der Glaubensüberzeugung der Siebenten-Tags-Adventisten, was bei ihnen große Freude hervorrief. Irgendwie hatte sich in ihrer puritanischen Glaubenstradition, die durch Generationen auf der Insel weitergereicht worden war, die Vorstellung eingeschlichen, daß Erlösung etwas war, was *verdient* werden und wofür man *arbeiten* mußte. Die Adventisten wiesen klar auf die Gerechtigkeit allein aus dem Glauben an Jesus Christus hin, und dies brachte den Männern und Frauen ein Gefühl ungeheurer Befreiung. Im Grunde ihres Herzens wußten sie, daß sie Erlösung niemals verdienen konnten. Schuld und Sünde blieben eine tägliche Realität, egal, wie sehr sie sich auch anstrengten. Jetzt wurde ihnen die Bedeutung des neutestamentlichen Grundsatzes deutlich: „Ihr werdet die Wahrheit erkennen, und die Wahrheit wird euch frei machen." (Johannes 8, 32.)

Aus den Schriften von Loughborough und White erkannten sie, daß Erlösung durch Umkehr und Übergabe an Gott geschieht. Durch sein fehlerloses Leben und seinen sündlosen Tod hatte Jesus Christus auch für sie die Erlösung möglich gemacht. Ein halbes Jahrhundert zuvor hatte John Adams durch ein eingehendes Studium der Briefe des Apostels Paulus etwas von dieser Frohen Botschaft geahnt, aber sie hatte nie so richtig Wurzeln schlagen können. Gerechtigkeit aufgrund eigener Verdienste schien irgendwie viel natürlicher zu sein.

Nun entdeckten die Pitcairner, daß sie „gerettet" waren und die Gewißheit des ewigen Lebens haben konnten, sobald sie sich Jesus Christus anvertrauten. Und daß nun, nachdem sie errettet waren, ihr Leben von innen heraus durch *seine* Macht völlig umgestaltet wurde. Sobald sie es annehmen konnten, daß Jesus Christus sich für sie geopfert hatte, so argumentierte James White (wobei er sich auf einen Text aus dem Hebräerbrief, Kapitel 4, bezog), „gingen sie in die Ruhe ein", die Ruhe von aller Anstrengung, das zu verdienen, was sie doch niemals verdienen konnten, und sich das selbst zu erarbeiten, was über ihre Kräfte und Fähigkeiten ging. Sie erkannten auch, daß diese Ruhe im Siebenten-Tags-Sabbat (Sonnabend) ihr Symbol hatte – einen Tag, der geheiligt werden sollte, nicht *um* dadurch gerettet zu werden, sondern *weil* sie gerettet waren. Die Pitcairner waren froh und glücklich über dieses befreiende Evangelium, aber einige wenige zentrale Glaubensüberzeugungen der Adventisten bereiteten ihnen doch etwas Schwierigkeiten. Daß die Adventisten so viel Wert auf eine gesunde Lebensweise und auf Mäßigkeit legten, fanden sie sehr vernünftig. Doch daß sie kein Schweinefleisch mehr essen sollten – was bisher *die* Delikatesse auf der Insel gewesen war –, erschien ihnen praktisch unmöglich. Sie stellten fest, daß dieses Tabu tatsächlich in der Schrift begründet war, und nahmen an, daß es dann wohl auf vernünftigen, wissenschaftlich haltbaren Grundsätzen basierte. Doch was in jenem weit entlegenen Land Amerika recht und gut sein mochte – einem sagenhaften Land, wenn man Kapitän Knowles erzählen hörte –, mußte nicht unbedingt in der Südsee genauso gut funktionieren.

Wieder wurde die Bibel eifrig gelesen, und es kam zu einer Erweckung. Aber es wurde keine Entscheidung getroffen, ob man sich der Gemeinschaft der Siebenten-Tags-Adventisten anschließen sollte.

Dies geschah erst zehn Jahre später. Im Oktober 1886 kam John Tay aus Oakland in Kalifornien nach Pitcairn. Er war der erste Missionar auf dieser Insel, und er war Adventist. Thursday October Christian II., der ein Jahrzehnt zuvor die Kofferladung mit Schrifttum aus San Francisco studiert hatte, hieß ihn willkommen und begann sofort angeregt mit ihm zu diskutieren. Christian und Simon Young, der hauptsächlich deshalb zum Kirchenvorsteher auf Pitcairn gewählt worden war, weil er die adventistische Lehre begriffen hatte, führten lange Diskussionen mit Tay, oftmals bis in die Nacht hinein. Die Inselbewohner waren mit Tays Wunsch einverstanden, bleiben zu dürfen, bis das nächste Schiff kommen würde. Nur zu gut war Tay sich dessen bewußt, daß ihm nur wenig Zeit blieb, wenn er die Insel ein zweites Mal bekehren wollte.

In den darauffolgenden Wochen wurden die Abende damit verbracht, daß Tay entweder in der Kirche predigte oder im Haus von Simon Young Bibelstunden abhielt. Als sich nach fünf Wochen das nächste Schiff der Insel näherte, hatten alle Pitcairner den adventistischen Glauben angenommen.

Tay kehrte mit dieser Neuigkeit nach Kalifornien zurück. Voller Freude darüber, daß sie nun Teil der „Bounty"-Geschichte war, gab die Gemeinschaft der Siebenten-Tags-Adventisten den Auftrag zum Bau eines Schiffes, das in der Südsee eingesetzt werden sollte. Das fertige Schiff erhielt den Namen „Pitcairn".

Und Pitcairn war auch der erste Hafen, den es ansteuerte.

Das war im Jahre 1890, dem Jahr des hundertsten „Geburtstags“ von Pitcairn. Hundert Jahre nach der Ankunft der Meuterer und ihrer polynesischen Frauen wurden sämtliche Bewohner Pitcairns durch Untertauchen getauft. Dieses Taufen durch Untertauchen, das die Adventisten praktizieren, soll symbolisieren, daß der Täufling sich mit dem Tod, Begräbnis und der Auferstehung Jesu Christi identifiziert.

Drei adventistische Ehepaare waren mit der „Pitcairn“ gekommen, darunter John Tay und seine Frau.

Ein Jahrhundert nach dieser Massentaufe sind die Einwohner von Pitcairn immer noch alle Siebenten-Tags-Adventisten.

Ian Ball, der Autor von *Pitcairn: Children of the Bounty* („Pitcairn: Die Kinder der Bounty“), einem Buch, das er nach einem Besuch der Insel mit einem Fernsehteam schrieb, bemühte sich darum, eine Erklärung für die Beziehung der Pitcairner zu den Adventisten zu finden: „Die Anziehungskraft, die der Adventismus für diese kleine Kolonie bereithielt, kann auf dreifache Weise erklärt werden:

Erstens und vor allem fühlten sich die Inselbewohner geschmeichelt von der Aufmerksamkeit, die ihrer kleinen ‚Herde‘ durch weltgewandte und gelehrte Männer aus Kalifornien und von Amerikas Ostküste zuteil wurde . . .

Zweitens bot der Adventismus den Inselbewohnern eine verstärkte Form religiöser Begeisterung durch die Grundüberzeugung von der Wiederkunft Christi, dem Glauben, daß die sichtbare Rückkehr ihres Erlösers nahe bevorstehe . . .

Und drittens hatte der Adventismus den Frauen der Insel etwas Besonderes zu bieten. Mit seinem eher religiös als einfach nur gesellschaftlich oder gesetzlich begründeten Verbot von Alkohol und Aufputschmitteln ganz allgemein bot er den Frauen eine einzigartige Möglichkeit, das Männervolk besser unter Kontrolle zu halten."

Fragen Sie die Pitcairner selbst, und sie werden zugeben, daß Ball in vieler Hinsicht recht hat. Aber zu seinen drei Punkten fügen sie einen vierten hinzu, den sie für den wesentlichsten halten: Durch die Siebenten-Tags-Adventisten haben sie „die Freiheit des Evangeliums" entdeckt!

Pitcairn heute

Wie wirkt Pitcairn auf Besucher von heute?

Erstaunlicherweise ist das Bild, das sie malen, in gewisser Hinsicht immer noch so idyllisch wie das von Kapitän Mayhew Folger, der die Insel im Jahr 1809 wiederentdeckte, und von anderen Seefahrern, die in den folgenden Jahren vorbeikamen.

Eine Gruppe deutscher Ärzte hat inzwischen eine wissenschaftliche Studie herausgebracht, die in der medizinischen Zeitschrift *Physis* vom 8. August 1985 veröffentlicht wurde. Nach einem längeren Aufenthalt auf dieser äußerst gastfreien Insel kamen sie zu dem Ergebnis, daß die Inselbewohner für Genetiker wie für Anthropologen und Ärzte endlos faszinierend sind. Sie konnten feststellen, daß die Bevölkerung auf Pitcairn weniger krankheitsanfällig ist (und deshalb eine ganze Reihe von Krankheiten seltener vorkommen) als jede andere Bevölkerungsgruppe auf der Erde. Selbst nach zwei Jahrhunderten der Inzucht stellten sie ein weit unterdurchschnittliches Vorkommen genetischer Defekte fest.

Besonders interessant war für das Forscherteam der Bericht über die geistige Gesundheit der Pitcairner. Es gab keine Psychosen, Selbstmord war unbekannt, und alles, was die Kriminalität fördert – Entfremdung, größere Ungerechtigkeiten, Eifersucht und Generationskonflikte –, fehlte völlig. Folgerichtig gab es auch keine Verbrechen. Dies ist besonders bemerkenswert, wenn wir den Ursprung und die frühe Geschichte dieses Inselvolkes in Betracht ziehen.

Der „beeindruckende Körperbau“ der Männer wie der Frauen auf Pitcairn fiel Ian Ball besonders auf. Durchschnittlich sind sie, so errechnete er, 1,75 Meter groß, was ungefähr der Größe des längsten Meuterers, Fletcher Christians, entspricht. „Der Eindruck, bei einer einzigen großen Familie zu Gast zu sein, hielt sich bei mir während meines ganzen Aufenthaltes“, sagte Ball.

Glynn Christian, der Urururenkel Fletchers aus der Linie Charles Christians, charterte einen Schoner, um der Route seines berühmten Vorfahren nach Pitcairn zu folgen. Er bestätigt, daß es dort keine Kriminalität gibt und deshalb auch Gesetzeshüter überflüssig sind. „Es herrscht dort ein unglaublicher Geist der Großzügigkeit“, berichtet er. „Keine Tür wird jemals zugesperrt; jeder kann jederzeit bei jedem anderen aus- und eingehen. Gewiß gibt es manchmal auch Streit. Aber am nächsten Tag wird man wieder zusammen draußen auf dem Meer in den Großbooten sein. Wenn zwei Männer sich da nicht gegenseitig in die Augen schauen können, werden sie bald ertrinken. Auf diese Weise werden Schwierigkeiten immer recht schnell aus der Welt geschafft!“

Sowohl Ball als auch Christian legten Wert auf die Feststellung, daß der Siebenten-Tags-Adventismus nicht so streng und starr ist, wie ihn die volkstümliche Vorstellung gerne sieht. Das adventistische Bewußtsein für gesunde Lebensweise und eine vorbeugende Medizin ist sehr ausgeprägt, aber ihre „Ernährungsvorschriften“ sind auf Pitcairn dem angepaßt, was die Insel an Nahrung zu bieten hat. Es ist sehr wahrscheinlich, daß ein Zusammenhang besteht zwischen der adventistischen Ernährungs- und Lebensweise auf der einen Seite und dem geringen Krankheitsvorkommen andererseits.

Ian Ball erzählt eine Geschichte, die zeigt, daß die Inselbewohner keine religiösen Fanatiker sind. Er und sein Filmteam kamen wegen stürmischen Wetters einen Tag später als geplant vor Pitcairn an. Da es Sabbat war und äußerst rauhe See herrschte, rechneten sie nicht damit, daß die Pitcairner die zwei Meilen von der Küste herauskommen würden, um sie aus ihrem Schiff an Land zu bringen. Sie sollten angenehm überrascht werden.

„Herzlich willkommen auf Pitcairn! Wir hatten Sie schon gestern erwartet."

Ball entschuldigte sich dafür, daß sie am Sabbat ankamen.

„Oh, dachten Sie etwa, wir würden Sie hier draußen sitzen lassen? Unser Glaube verbietet es uns doch nicht, anderen Leuten am Sabbat zu helfen."

Zum Sabbat auf Pitcairn meint Glynn Christian: „Der Sabbat auf Pitcairn ist ein großartiger Tag voller Freude und Entspannung. Es ist ein Tag der Familie. Der Sabbat ist die Einrichtung, die das Gemeinwesen zusammenhält und die Familien intakt sein läßt . . ."

Die Pitcairnerin Irma Christian war vor kurzem in England zu Besuch. In einem Gespräch betonte sie dabei einerseits die starke religiöse Tradition auf der Insel, wies aber gleichzeitig mit Nachdruck darauf hin, daß auch auf Pitcairn nicht die heile Welt zu Hause ist. So gibt es immer wieder einmal Jugendliche, die gegen den christlichen Glauben opponieren und keine Lust haben, in die Kirche zu gehen. Sorgen macht ihr auch, daß ein zu hoher Prozentsatz von Pitcairns Jugendlichen der Fernsehkultur auf Neuseeland erliegt. Dort erhalten sie ihre höhere Schulbildung. Oft kehren sie danach nicht mehr auf die Insel zurück.

Ball war fasziniert davon, wie deutlich die Vermischung verschiedener Kulturen auf Pitcairn immer noch zu sehen ist. Er stellte fest, daß das genetische Gleichgewicht das englische Erbe zuungunsten des polynesischen fördert.

Aber er gibt den Genetikern auch etwas zum Nachdenken: Pitcairns Frauen sind immer noch um einige Abstufungen dunkler als die Männer.

Die Vermischung der Kulturen beschreibt Ball folgendermaßen: „Wenn die Frauen das Essen in Bananenbaumblätter gewickelt in den Steinofen legen oder im Schneidersitz am Boden die Blätter der Schraubenpalme zusammenflechten, entsprechen sie genau dem farbenfrohen und exotischen Bild, das sich westliche Phantasie vom Leben der Polynesier gemacht hat. Wenn die Männer voller Eifer von ihren ‚Flinten' sprechen oder bei trübem Wetter mit grimmigen Mienen in ihren schwarzen Öljakken aufs Meer hinausfahren, dann sind sie die Letzten eines vergangenen Zeitalters – Nachkommen von Seefahrern, die Zöpfe trugen und die Welt eroberten. Ihr Sabbatgottesdienst gestaltet sich sehr angelsächsisch. Wird dann am Samstagabend bei einem Nachbarn ein Fest gefeiert, dann sind sie unverkennbar polynesisch mit ihrem ungeheuren Appetit und im ungebremsten Sturm auf alles, was die Tafel zu bieten hat. In ihrer Leidenschaft fürs Fischen sind sie ihren Vorfahren aus Tahiti sehr ähnlich. Ihre sentimentale Anhänglichkeit gegenüber der königlichen Familie wurzelt in einem Engländertum, das in seinem Mutterland schon längst aus der Mode gekommen ist." (I. M. Ball, *Pitcairn: Children of the Bounty*, S. 212 f.)

Fotografien von Königin Elizabeth, Prinz Philip, Kronprinz Charles und Prinzessin Diana gehören fast in jedem Wohnzimmer zur Standardeinrichtung.

Glynn Christian möchte hingegen deutlich machen, daß Pitcairn, wenn überhaupt, dann ein äußerst gefährdetes Paradies ist: „Gegenwärtig ist die wirtschaftliche Stabilität von Pitcairn so schwach, daß die Inselbewohner evakuiert werden müßten, wenn beispielsweise drei der acht Männer, die in den Großbooten zum Fischen fahren, einmal tödlich verunglücken sollten. Die Insel braucht dringend frisches Blut."

Insgesamt hat Pitcairn zur Zeit ca. 50 bis 60 Einwohner. Einmal abgesehen davon, daß es zu wenig seetüchtige Männer gibt – welche anderen Faktoren sind es, die Pitcairns Lage so schwierig machen?

„Pitcairn ist heute isolierter als vor hundert Jahren. Noch vor 25 Jahren kamen Fracht- und Passagierschiffe in regelmäßigen Abständen an der Insel vorbei, und die Großboote fuhren dann hinaus, um die Besucher zu begrüßen. Im Durchschnitt bekam Pitcairn alle zwei Wochen einen Schiffsbesuch. Seitdem Containerschiffe und Düsenjets an die Stelle der guten alten Schiffahrt getreten sind, kam bis vor kurzem nur noch *ein Schiff pro Jahr* an der Insel vorbei. Nun hat der Gouverneur – der auch Britischer Hochkommissar für Neuseeland ist – angeordnet, daß vier Schiffe pro Jahr die Insel ansteuern sollen. Doch selbst das ist im Grunde nicht genug ..."

Gibt es denn keine anderen Verbindungen zur Außenwelt? Dazu Glynn Christian: „Erst vor zwei oder drei Jahren wurde eine Telefonverbindung mit Neuseeland hergestellt. Vorher war man auf Morsezeichen und das Telegrafensystem angewiesen. Die spärliche Verbindung mit der Außenwelt ist ein echtes Problem. Bei einem medizinischen Notfall muß die Bezirkskrankenschwester die Operation durchführen, wobei sie ihre Instruktionen aus Neuseeland von einem Radioamateur erhält. Die Angst, bei einem Notfall medizinisch nicht ausreichend betreut werden zu können, ist wohl der wichtigste Grund dafür, daß so viele Pitcairn verlassen. Hinzu kommt die Notwendigkeit einer guten Schulbildung. Die Insel hat eine Grundschule, aber danach müssen die Kinder nach

Neuseeland gehen, um eine weiterführende Schule besuchen zu können. Das bedeutet, daß sie mindestens für vier Jahre vom Elternhaus getrennt sind."

Wie Irma Christian macht sich auch Glynn Sorgen, daß zu viele der jungen Leute sich von einem neuen Lebensstil fesseln lassen und nicht wieder nach Hause zurückkehren.

1990 wird Pitcairn seinen zweihundertsten „Geburtstag" feiern. Glynn Christian gehört zum Planungsausschuß, der die Gedenkfeier vorbereitet. Er gibt zu, daß er dabei einen Hintergedanken hat: „Wir beabsichtigen, mit den Feiern zum zweihundertjährigen Jubiläum die Aufmerksamkeit der Welt auf Pitcairns schwierige Lage zu lenken..."

Regeneration ist offensichtlich das Schlüsselwort. Aber das bedeutet nicht, „daß jedermann nun nach Pitcairn reisen und dort Anweisungen geben soll, was sofort anders gemacht werden muß", betont Glynn Christian. „Bei weitem nicht. So wurde beispielsweise die Idee, einen Landeplatz für Flugzeuge zu bauen, wieder verworfen, weil er das Gleichgewicht der Insel stören und zu viel wertvolles Ackerland wegnehmen würde. Es wäre aber wünschenswert, daß mindestens einmal im Monat ein Schiff Pitcairn anlaufen würde. Und es ist dringend notwendig, daß stabilere Häuser gebaut werden, ein Bewässerungssystem eingeführt wird und die z. Zt. angebauten Feldfrüchte und Getreidearten durch solche ersetzt werden, die nicht so anfällig gegen Schädlinge sind."

Wie soll all dies finanziert werden? „Ganz in der Nähe von Pitcairn liegt die Insel Henderson, das letzte unberührte und unerforschte Korallenriff der Erde. Wir schlagen vor, dort ein wissenschaftliches Institut aufzubauen. Damit könnte ein Großteil der Finanzierung bestritten werden."

Alle Berichte machen deutlich, daß Pitcairn keineswegs ein sterbendes Gemeinwesen ist. Auf der Insel sind immer noch alle Altersgruppen vertreten. Am günstigsten wäre eine Bevölkerung von etwa 150 Personen. Von daher besteht eine klare Notwendigkeit, diejenigen Pitcairner auf ihre Heimatinsel zurückzuholen, die weggezogen sind.

Pitcairn kann also von der Welt etwas lernen. Könnte es aber auch möglich sein, daß diese winzige Insel mitten in der Weite des Ozeans die Welt etwas lehren kann? Könnte es sein, daß Pitcairn innerhalb seiner kurzen Geschichte voller Gegensätze Werte bewahrt hat, die heute in der westlichen Welt weitgehend verlorengegangen sind? Am Anfang seiner Existenz als Gemeinwesen standen Brotfruchtbäume, Meuterer und eine alte Bibel. Die Frauen und Männer von Pitcairn erlebten die Folgen von Ausschweifung und brutaler Gewalt – aber auch die Folgen eines neuen Anfangs als gläubige Christen.

Könnte es deshalb sein, daß Pitcairn bei einem Vergleich zwischen den Errungenschaften der westlichen Welt und den Werten, die auf Pitcairn bis heute Gültigkeit behalten haben, eindeutig besser abschneidet?

Die Namen von William Bligh, Fletcher Christian, Matt Quintal, Edward Young, Bill McKoy, John Adams und den anderen Männern der „Bounty“ werden von den Pitcairnern immer noch mit einer Vertrautheit benutzt, als ob sie sie selbst gekannt hätten. Überall ist die Geschichte der Insel noch zum Greifen nahe. Keine Einzelheit ist in Vergessenheit geraten. Die Namen der Landzungen, Buchten, Felsvorsprünge und Lichtungen halten die Erinnerung an sie lebendig.

Die Wesenszüge jener vergangenen Generation hartgesottener Seefahrer, die mit der „Bounty“ die sieben Meere befuhren und eines Tages vor einer Situation standen, die ihr ganzes Leben veränderte, sind in der Vorstellungskraft der Leute von Pitcairn immer noch lebendig. Und wenn die Männer heute in ihren Booten hinausfahren und dabei von einem Land singen, das schöner ist als ein Sonnentag, und wenn der Pastor auf der Kanzel von der Wiederkunft Jesu spricht – dann erleben sie in Gedanken jenen großen Tag, an dem sie einmal gemeinsam mit ihren Vorfahren vor dem Einen stehen werden, der ihr Richter und ihr Erlöser sein wird.